AF466389

[MINI]STÈRE DU COMMERCE, DE L'INDUSTRIE,
[DE]S POSTES ET DES TÉLÉGRAPHES

CONSERVATOIRE NATIONAL
DES ARTS ET MÉTIERS

ENSEIGNEMENT DES SCIENCES
APPLIQUÉES AUX ARTS ET A L'INDUSTRIE

PROGRAMMES
DES COURS PUBLICS

PARIS
VUIBERT ET NONY, ÉDITEURS
63, BOULEVARD SAINT-GERMAIN, 63

CONSERVATOIRE NATIONAL DES ARTS ET MÉTIERS

PROGRAMMES DES COURS PUBLICS

MINISTÈRE DU COMMERCE, DE L'INDUSTRIE,
DES POSTES ET DES TÉLÉGRAPHES

CONSERVATOIRE NATIONAL
DES ARTS ET MÉTIERS

ENSEIGNEMENT DES SCIENCES
APPLIQUÉES AUX ARTS ET A L'INDUSTRIE

PROGRAMMES
DES COURS PUBLICS

PARIS
VUIBERT ET NONY, ÉDITEURS
63, BOULEVARD SAINT-GERMAIN, 63

AVIS

Les Cours du Conservatoire national des Arts et Métiers sont publics et gratuits, et toute personne y est admise sans aucune formalité.

Les Cours ont lieu du 1er novembre à la fin d'avril, tous les jours de la semaine, à 8 heures et à 9 heures 1/4 du soir.

Les auditeurs désireux de subir, à la fin de l'année scolaire, un examen en vue de l'attribution du « CERTIFICAT ANNUEL » du Conservatoire des Arts et Métiers, doivent, avant le 15 novembre, délai de rigueur, demander par écrit, au Directeur du Conservatoire, une carte d'assiduité nominative. Cette demande contiendra les renseignements suivants :

Nom, prénoms ;
Age, profession ;
Cours suivis antérieurement au Conservatoire ;
Récompenses ou certificats annuels déjà obtenus au Conservatoire.

Le titulaire d'une carte doit, à chaque séance, la présenter, personnellement, au Gardien chargé d'apposer le poinçon constatant la présence régulière de l'auditeur à toutes les leçons du Cours.

A la fin de l'année scolaire, le mérite du candidat est constaté par le Professeur qui fera subir un examen spécial, dans lequel il sera tenu compte des cahiers des notes prises, des dessins et motifs exécutés et des travaux pratiques effectués dans le Laboratoire du Professeur.

Les notes des candidats sont établies d'après les coefficients suivants :

0.	Néant.
1 et 2.	Très mal.
3, 4, 5	Mal.
6, 7, 8	Médiocre.
9, 10, 11, 12.	Passable.
13, 14	Assez bien.
15, 16, 17	Bien.
18, 19	Très bien.
20	Parfait.

Le Certificat annuel n'est délivré qu'aux candidats ayant pour l'ensemble de leur examen, obtenu, au moins, la note 14.

Les Certificats annuels sont signés par le Directeur du Conservatoire et par le Professeur du Cours.

Les candidats titulaires de tous les Certificats annuels relatifs au cycle complet de deux Cours, au moins, se complétant mutuellement et tendant à un même but industriel ou professionnel, peuvent obtenir le « Diplôme d'Études » du Conservatoire national des Arts et Métiers, à la suite d'un nouvel examen d'ensemble.

Le Jury statuera sur la connexité des Cours suivis par le candidat ; il est, en effet, impossible de spécifier dans un règlement les combinaisons multiples pouvant rentrer dans l'esprit et les intentions du Diplôme d'études.

On se borne donc à citer diverses combinaisons, déjà envisagées, sans être limitatives, en prenant, à titre d'exemple, le Cours de Mécanique appliquée aux arts et à l'industrie :

Mécanique 3 ans et :	*Physique*	3 ans.
	Géométrie descriptive	3 ans.
	Géométrie appliquée aux Arts.	3 ans.
	Électricité industrielle	2 ans.
	Filature et Tissage	3 ans.
	Métallurgie	3 ans.
	etc., etc.	

Toutefois, le candidat devra choisir les deux Cours connexes obligatoires, soit dans le groupe des chaires de sciences appliquées aux arts, à l'industrie ou à l'agriculture, soit dans le groupe des chaires d'études économiques ou sociales.

Les Cours suivis, par surcroît, dans deux groupes différents, n'entrent pas en ligne de compte pour l'attribution du Diplôme, mais y seront mentionnés à titre de complément d'étude facultatif.

Les Diplômes d'études sont délivrés par le Conseil d'administration du Conservatoire.

PRIX ET RÉCOMPENSES

A la fin de l'année scolaire, il est attribué aux auditeurs les plus méritants des Cours publics, des prix en argent, des médailles et des lettres de félicitations.

Ces récompenses sont décernées au vu des cahiers de notes remis au Professeur.

Les fondations de prix existant actuellement au Conservatoire, sont les suivantes :

Fondation du Baron de Trémont.

Un prix de . . . . 200 francs.
Un prix de . . . . 150 —

Fondation du Baron Gustave de Rothschild.

Un prix de. . . . . 100 francs.

Fondation du Comité de souscription au buste Aimé Girard.

Un prix de . . . . 150 francs
devant être attribué à des auditeurs du Cours de Chimie industrielle.

Prix Joseph Hirsch.

Deux prix de. . . . . 200 francs.
Un prix de . . . . 100 —

Ces trois derniers prix, dont le montant ne peut être scindé entre plusieurs candidats, seront, jusqu'en 1911, suivant les intentions de Mme Hirsch, attribués à des auditeurs « méritant, par leur situation de fortune et par leur travail, qu'on leur facilite les moyens de poursuivre leur instruction » et ayant suivi un ou plusieurs des cours suivants :

Géométrie appliquée aux Arts ;
Géométrie descriptive ;
Mécanique appliquée aux Arts ;
Constructions civiles ;
Filature et Tissage ;
Art appliqué aux Métiers.

Aux fondations de prix qui précèdent, viennent s'ajouter, chaque année, des prix supplémentaires en nombre variable constitués par des dons généreux offerts, à cet effet, par la Chambre de commerce de Paris, par des Associations syndicales, ou par des particuliers, enfin, par un crédit spécial inscrit au budget du Conservatoire.

Nouveaux prix offerts au Conservatoire en cours d'impression du volume :

Prix annuel de la Banque de France.

Un prix de . . . . 100 francs

à décerner à un auditeur du Cours d'Économie industrielle et Statistique.

Fondation Léon Droux.

Madame Droux, née Puteaux, a créé, en souvenir de son mari, M. Léon Droux, Ingénieur civil, Constructeur-Mécanicien à Paris :

Un prix de . . . . 500 francs

à attribuer, sans fractionnement, d'après les notes des Professeurs, à l'auditeur le plus méritant de l'un des trois Cours de

Chimie générale dans ses rapports avec l'Industrie ;
Chimie industrielle ;
Mécanique appliquée aux Arts.

PRÉFACE GÉNÉRALE

PAR

M. le Colonel LAUSSEDAT

Directeur honoraire du Conservatoire national des Arts et Métiers.

L'enseignement professionnel des arts et des métiers n'a consisté pendant longtemps que dans la transmission immédiate par tradition, au fur et à mesure qu'on les découvrait, des procédés à employer pour l'utilisation des forces naturelles, la mise en œuvre des matériaux de construction, enfin la culture et la préparation des produits qui doivent être transformés avant que d'être utilisés ou consommés.

On sait le rôle considérable joué dans notre pays par les corporations et le soin que les princes et les hommes d'État avisés, depuis Saint Louis jusqu'à Louis XIII et Richelieu, ont mis à réglementer ces corporations en leur donnant des prérogatives qui ont sans doute contribué à développer nos arts et nos industries, même à ces époques reculées.

Colbert, qui donna une si vive impulsion au commerce extérieur et aux grandes industries négligées jusqu'à lui, en créant les manufactures royales destinées à servir de modèles, n'oublia pas de les doter d'écoles où l'on enseignait en particulier la géométrie et le dessin d'ornement, comme on pourrait encore s'en assurer aux Gobelins, où il existe des traces de l'enseignement de maîtres célèbres tels que Sébastien Leclerc et Van der Meulen.

C'est d'un peu plus tard, du règne de Louis XV, que date l'excellente école publique des Arts décoratifs, où l'on continue encore aujourd'hui à enseigner la géométrie, la perspective, le dessin et le modelage et d'où sont sortis un si grand nombre d'artistes distingués dans toutes les branches de nos industries d'art.

En ce qui concerne ces dernières, on peut donc dire que, depuis longtemps, on avait songé en France à créer les ressources d'enseignement nécessaires, en dehors de l'apprentissage proprement dit.

Celui-ci imposé pour obtenir la maîtrise, à une époque où il donnait les garanties de capacité jugées nécessaires, ne présenta que de faibles inconvénients tant que les métiers ne furent pratiqués que par un petit nombre d'artisans. Mais les abus ne tardèrent pas à se manifester à mesure que ce nombre augmentait et ils étaient devenus intolérables au XVIIIe siècle, où les petits ateliers familiaux tendaient déjà à se transformer en usines.

En cherchant à les corriger, Turgot ne tarda pas à reconnaître qu'ils étaient inhérents aux privilèges des corporations et que le seul remède était de supprimer les corporations elles-mêmes. Cette mesure radicale, qui ne devait être prise définitivement qu'à la Révolution, entraînait des conséquences des plus graves, prévues d'ailleurs par les philosophes qui l'avaient inspirée, et la grande œuvre de l'Encyclopédie méthodique semble bien avoir été entreprise surtout pour faciliter l'initiation aux différentes professions à ceux qui s'y destinaient et ne voulaient ou ne pouvaient plus passer par l'apprentissage.

C'est à peu près à la même époque que remonte la création de la première école d'Arts et Métiers, destinée à former des contremaîtres dont le rôle devait correspondre tout d'abord à peu près à celui des compagnons.

Le Conservatoire des Arts et Métiers, créé en principe en 1794, confirmé en 1798 et définitivement installé seulement en 1799 dans l'ancien prieuré de Saint-Martin-des-Champs, allait devenir le centre des efforts faits pour opérer une transformation devenue urgente et le foyer où devait se développer, comme il ne l'avait encore été nulle part, l'enseignement technique, scientifique et industriel.

La première mission des *membres du Conservatoire* avait été de réunir et de classer *les machines, outils, dessins, descriptions et livres de tous les genres d'arts et métiers* provenant pour la plupart de la célèbre collection de Vaucanson, déjà rendue publique, de celle de l'Académie des Sciences, composée de modèles précieux qui lui avaient été légués par d'Ons en Bray, d'autres encore, et d'objets de prix trouvés dans les résidences royales ou princières.

Le même décret qui créait cet important musée populaire et la bibliothèque prévoyait en même temps la nécessité d'expliquer aux visiteurs la construction et le fonctionnement des instruments, des machines et des métiers placés sous leurs yeux. De savants démonstrateurs étaient désignés à cet effet en même temps qu'un habile dessinateur de machines, dont le rôle a été des plus utiles et dont la tradition s'est perpétuée et répandue partout par la suite.

Le premier administrateur, Molard aîné, qui connaissait bien son temps, comprit qu'il fallait commencer par donner un enseignement élémentaire sans lequel les explications des démonstrateurs demeureraient lettre morte. Il prit donc sur lui d'organiser une *petite école* où l'on instruisait à la fois des sous-officiers pour l'artillerie et le génie, des auxiliaires pour les bureaux d'ingénieurs et des jeunes gens indépendants de bonne volonté parmi lesquels on cite Schneider, le célèbre fondateur du Creusot, le baron Seillière qui a créé les premières filatures dans les Vosges, enfin Emile Dollfus dont le nom évoque celui de Mulhouse et de ses nombreuses industries si prospères.

Malgré les très grands services qu'elle a rendus et qui l'ont fait maintenir jusqu'en 1874, cette petite école était devenue inutile, d'autres analogues ayant été ouvertes dans les différents quartiers de Paris.

Après la chute du premier Empire, le duc de Larochefoucauld-Liancourt, inspecteur général des Écoles d'Arts et Métiers dont il avait été le premier fondateur, et le savant géomètre Ch. Dupin, ingénieur de la marine, qui avaient voyagé séparément en Angleterre où ils avaient constaté les grands progrès des arts mécaniques, signalaient la nécessité d'aborder sans retard l'étude de questions trop négligées pendant l'épopée napoléonienne, en commençant par répandre chez les ouvriers les notions scientifiques les plus essentielles, réservées jusqu'alors à un trop petit nombre d'adeptes.

Dès 1819, leurs conseils devaient être écoutés et trois Cours publics, ceux de Géométrie comprenant la Mécanique, de Chimie et d'Économie industrielle, étaient ouverts au Conservatoire et attiraient aussitôt un grand concours d'auditeurs appartenant à toutes les classes de la société.

Sous tous les régimes, les hommes d'État ont eu le souci constant de satisfaire aux vœux exprimés, soit par le Conseil de perfectionnement du Conservatoire, soit par la Chambre de commerce ou le Conseil municipal de Paris, préoccupés les uns et les autres de donner à l'enseignement dont il s'agit l'ampleur nécessaire, en créant de nouveaux Cours de plus en plus nombreux que l'on dédoublait même au fur et à mesure des besoins signalés.

Cette préoccupation de développer l'enseignement technique était d'ailleurs devenue générale. Dès 1829, un groupe de savants soutenu par un capitaliste désintéressé autant qu'éclairé fondait l'École centrale des Arts et Manufactures. En 1830, après la Révolution de Juillet, l'Association polytechnique et un peu plus tard l'Association philotechnique, recrutées en grande partie dans la jeunesse libérale instruite, répandaient généreusement les connaissances élémentaires les plus utiles dans la classe ouvrière. Des écoles spéciales étaient instituées par la plupart des

Chambres syndicales; enfin, depuis trente ans, la Ville de Paris a créé, à son tour, de nombreuses écoles destinées à former des ouvriers et des contremaîtres capables d'exercer avec succès les professions les plus variées. Il y a lieu de citer à part l'École de physique et de chimie, d'où sont déjà sortis nombre d'excellents élèves qui ont aussitôt pu prendre leur place dans les industries délicates exigeant des connaissances solides et étendues. Une autre création plus ancienne, puisqu'elle remonte à 40 ans, est celle de l'École spéciale d'architecture qui doit son existence à l'initiative privée et au dévouement de celui qui en a eu l'idée. Nous en oublions forcément et nous renonçons à énumérer toutes les autres tentatives faites en vue de répandre l'instruction professionnelle à tous les degrés : conférences, bibliothèques, manuels, aide-mémoires, dictionnaires pour les arts et manufactures [1], etc.

Ce mouvement des esprits attentifs aux besoins d'une époque où les progrès prodigieux des sciences et de leurs applications transforment

[1] Au nombre des créations et des publications nouvelles les plus intéressantes, il convient ici de citer l'École d'électricité, l'École spéciale de Travaux publics, la Bibliothèque des conducteurs de Travaux publics; mais, nous le répétons, nous sommes forcé de nous limiter.

incessamment les industries s'est d'ailleurs propagé dans la plupart de nos grandes villes. Nulle part, toutefois, il n'a eu plus de retentissement qu'à son point de départ, c'est-à-dire au Conservatoire des Arts et Métiers, où il vient se répercuter et où tous ceux qui s'y intéressent ont trouvé et trouvent toujours aide et conseil auprès des professeurs.

Il convient d'ajouter que, bien souvent, après avoir profité de leurs lumières, ils les payent de retour en leur offrant pour les collections des modèles achevés d'appareils, de métiers, d'usines, de produits, souvent même d'œuvres d'art ou de modèles historiques d'un très grand prix.

A propos des modèles si utiles à l'enseignement, nous devons insister sur ce que les professeurs du Conservatoire ont beaucoup contribué à faire naître une véritable industrie pratiquée sous leur direction par d'habiles constructeurs comme Clair, Digeon et d'autres encore, industrie qui n'a pas tardé à passer à l'étranger et dont les produits se rencontrent aujourd'hui dans les écoles techniques du monde entier.

C'est aussi au Conservatoire, dont les laboratoires de mécanique, de physique et de chimie ont été les premiers où l'on s'est occupé surtout de recherches industrielles, que les étrangers sont venus souvent puiser leurs inspirations ([1]).

Pour appuyer ces deux affirmations, nous pourrions citer, entre autres, la visite de Sir Cunlife Owen, l'habile directeur du South Kensington Museum de Londres, faite en 1892 dans nos galeries pour y choisir des modèles qu'il voulait faire reproduire et exposer dans son magnifique Établissement ; puis la démarche, remontant à 1888, de deux délégués de l'illustre Helmholtz qui, avant de créer le grand laboratoire de Charlottenbourg, avait tenu à être renseigné sur les nôtres, reconnaissant dans une lettre personnelle au Directeur, pleine de courtoisie, qu'il n'existait encore rien d'analogue en Allemagne. Malheureusement le laboratoire de mécanique et des essais de machines et de matériaux était devenu bien insuffisant, faute des crédits nécessaires, et on dut l'avouer aux délégués, qui étaient un professeur de physique et un architecte, en ajoutant que l'on espérait bientôt pouvoir améliorer cette situation. On sait que, depuis cette époque, cet espoir a été réalisé, grâce à l'initiative des pouvoirs publics et à la

([1]) L'initiative des *membres du Conservatoire* s'était fait sentir depuis longtemps. Molard avait improvisé, au commencement du siècle, un laboratoire de chimie pour l'infortuné Nicolas Leblanc ; Joseph Montgolfier avait contribué, de son côté, à la création de la *Société d'encouragement pour l'industrie nationale*.

généreuse participation de la Chambre de commerce de Paris.

L'État, la Ville et la Chambre de commerce ont également contribué, depuis quelques années, à créer de nouvelles chaires, les unes rentrant dans la catégorie de l'enseignement technique et les autres consacrées aux sciences économiques ou sociales. Tout récemment encore la Ville de Paris a offert une subvention pour dédoubler une chaire devenue vacante par le décès de son titulaire, le si regretté professeur de Luynes, qui avait sûrement compromis sa santé en cumulant, pendant 36 ans, deux enseignements distincts très chargés, celui de la Céramique et de la Verrerie créé par l'illustre Ebelmen, et celui de la Teinture, de l'Impression et de l'Apprêt des tissus inauguré, déjà à la demande de la Chambre de commerce, par le très compétent et très distingué Persoz.

Les Cours, comme on le verra ci-après, sont aujourd'hui au nombre de vingt et un, et il y en a encore plusieurs en instance dont le Conseil de perfectionnement a sollicité la création pour décharger les cours de mécanique et de physique : ainsi le matériel des chemins de fer et en général celui des nouveaux moyens de transport, la photographie et ses applications, notamment aux arts du Livre, conformément aux vœux des Sociétés de Photographie et du Cercle de la Librairie. Mais à chaque jour suffit sa peine, faut-il dire, et ces lacunes et d'autres encore pourront sans doute être comblées, quand le nombre des amphithéâtres, déjà insuffisant, aura été lui-même augmenté.

La nature de l'enseignement donné au Conservatoire est indiquée dans les programmes qui vont suivre et l'on sait le degré d'intérêt et d'utilité auquel l'ont élevé et maintenu les maîtres, éminents pour la plupart, qui en ont été ou qui en sont chargés. Les Cours sont suivis, nous l'avons déjà dit, par des auditeurs appartenant à toutes les classes de la société, mais plus particulièrement par des adultes ayant déjà acquis des notions élémentaires suffisantes dans d'autres cours du soir, par des contremaîtres, des chefs d'usines ou d'ateliers et même par des ingénieurs sortis des grandes écoles, pour y compléter leur instruction dans des branches de la science ou de l'industrie qui ne cessent de progresser.

On a souvent qualifié, un peu prématurément, le Conservatoire de *Sorbonne de l'Industrie*, bien que les Cours y aient toujours été publics, libres et gratuits. Depuis quelques années, ce nom pourrait lui être attribué plus justement, car après y avoir accordé des prix et des médailles, on a commencé à y délivrer des certificats d'études aux auditeurs les plus assidus et les plus méritants, à en juger par un pointage de leur présence à tel ou tel Cours, par leurs cahiers de notes et par des examens ou d'autres épreuves auxquels sont soumis ceux qui les sollicitent.

Nous terminerons cette notice sur le rôle du Conservatoire des Arts et Métiers dans l'enseignement supérieur des sciences appliquées, en ajoutant que, depuis plus de vingt-cinq ans, les questions d'actualité y sont traitées par les spécialistes les plus autorisés, dans des conférences organisées, les dimanches, avec toutes les ressources de l'établissement, dans des amphithéâtres toujours pleins.

Après cet exposé bien sommaire à notre gré, suffisant toutefois, nous l'espérons, des phases par lesquelles a passé l'enseignement dont il s'agit, nous croyons pouvoir affirmer que le but que s'étaient proposé ceux qui en ont pris l'initiative est pleinement atteint aujourd'hui et il ne nous reste qu'à souhaiter que l'avenir réponde au passé.

GÉOMÉTRIE APPLIQUÉE AUX ARTS

Chaire créée par ordonnance du 25 novembre 1819.

PROFESSEURS

1819-1873, baron P.-Ch.-F. Dupin, membre de l'Institut.

Depuis le 8 mai 1873, M. le Colonel Laussedat (G. O. ✱), membre de l'Institut.

Professeur remplaçant, depuis le 31 octobre 1896, M. P. Haag (O. ✱), Inspecteur général des Ponts et Chaussées, professeur à l'École polytechnique.

PROGRAMME GÉNÉRAL

1re *année*. — Topographie et nivellement (instruments portatifs).

2e *année*. — Astronomie populaire (grands instruments).

3e *année*. — Cinématique (géométrie des mécanismes).

PRÉAMBULE

Ce Cours qui, au début, en 1819, comprenait la Mécanique avait eu, en effet, pour objet de répandre dans la classe ouvrière des notions élémentaires sur deux sciences fondamentales. Un peu plus tard, en 1839, on reconnut la nécessité de le diviser et l'on créa une chaire consacrée exclusivement à la Mécanique et à ses applications.

Le professeur, le célèbre Charles Dupin, put alors donner un plus grand développement à l'étude de la géométrie pratique, en prenant des exemples dans un assez grand nombre de professions. Toutefois l'allure de son enseignement restait encore plutôt celle d'une vulgarisation jugée indispensable, à une époque où il n'existait que de rares écoles populaires de dessin et de géométrie. On reconnut même, dès lors, pour suppléer à ce que cet enseignement, très utile d'ailleurs et très apprécié, laissait d'incomplet sous bien des rapports, la nécessité de créer au Conservatoire une chaire de Géométrie descriptive. Celle-ci, dans laquelle on enseignait, comme on continue à l'enseigner, la stéréotomie et la perspective, auxquelles on a joint plus récemment la statique graphique, était destinée à guider sûrement les ingénieurs, les architectes, les charpentiers, les tailleurs de pierre et les artistes qui avaient déjà des connaissances plus ou moins étendues en géométrie.

Les écoles élémentaires s'étant multipliées et par conséquent les conditions restrictives s'étant en grande partie évanouies, on put songer, dans le Cours de Géométrie appliquée aux arts, à entrer dans de plus grands détails sur les applications si nombreuses et si utiles de la géométrie aux arts de précision, aux opérations sur le terrain, par la cinématique, c'est-à-dire par la science du mouvement, à la construction des organes des machines, enfin à l'astronomie populaire, aussi intéressante au point de vue philosophique qu'à celui des services qu'elle rend à la géographie et à la navigation.

Depuis cette transformation, provoquée et approuvée en 1865, par le Conseil de perfectionnement du Conservatoire, le Cours de Géométrie appliquée aux arts est fréquenté notamment par des constructeurs d'instruments de précision, des horlogers, des ingénieurs mécaniciens, des dessinateurs des grandes usines, des conducteurs de travaux, des arpenteurs et même par des gens du monde.

PROGRAMME DÉTAILLÉ

PREMIÈRE ANNÉE

Topographie, Géodésie et Cartographie.

Notions préliminaires relatives à la pratique des opérations sur le terrain et dans le bureau et aux moyens de les abréger.

Éléments de trigonométrie rectiligne et de trigonométrie sphérique. Tables trigonométriques dans les deux systèmes sexagésimal et centésimal.

Topographie.— Énumération des principaux organes des instruments de lever et de nivellement.

Notions d'optique. — Images virtuelles dans les miroirs plans, virtuelles ou réelles dans les miroirs sphériques, à travers les lentilles. Points nodaux des lentilles. Centre optique. Foyer principal. Foyers conjugués. Foyer chimique. Aberrations. Astigmatisme. Achromatisme et correction de l'astigmatisme.

Instruments d'optique. — Œil humain. Loupe. Lunette astronomique. Lunette terrestre. Réticule. Grossissement et Champ. Netteté et Clarté des images. Épreuves à faire subir aux lunettes.

Instruments usuels de topographie.

1. Mesure des distances. Règles, chaînes et rubans.

Mesure indirecte : Stadias, lunettes stadimétriques. Principe de l'Anallatisme.

2. Mesure des angles horizontaux. Goniomètres et Goniographes. Cercles divisés horizontaux, Boussole, Équerre d'arpenteur, Planchette. Perspectographes convenablement utilisés.

3. Nivellement spontané ou par visée horizontale : Niveau à perpendicule, Niveau d'eau, Niveau à bulle d'air, Niveau à réflexion. Niveaux de précision à bulle d'air et à lunette. Principaux types en usage. Registres de nivellement.

4. Nivellement par la mesure des angles verticaux. Clisimètres. Niveaux de pente.

Instruments perfectionnés destinés à hâter ou à simplifier les opérations. — Tachéomètres. Registres d'observation et rapport graphique. Tachéomètres auto-réducteurs. Tachéographes. Alidades holométriques et nivellatrices. Règles à éclimètres. Planchettes stadimétriques.

Instruments spéciaux appropriés aux levers souterrains.

Instruments simplifiés pour les levers expédiés et d'itinéraires.

Instruments à réflexion employés dans la marine. Sextant et Cercles à réflexion. Boussole marine.

Nivellements barométriques. Formule simplifiée. Baromètre à mercure et Baromètre anéroïde.

Exécution des plans topographiques. Planimétrie. — Canevas trigonométrique appuyé à une base mesurée. Méthode des intersections pour multiplier les points de repère.

Canevas polygonal par la méthode des cheminements. Lever des détails par la méthode des coordonnées rectilignes et par celle des coordonnées polaires.

Méthode des alignements particulièrement propre au Cadastre.

Méthode accidentelle des recoupements.

Problème dit de Pothenot, servant à la détermination d'un point par trois autres. Problèmes divers de géométrie pratique. Comment ces différentes méthodes peuvent être utilisées dans les levers expédiés et dans les levers d'itinéraires.

Relief du terrain. — Représentation de ce relief par des Courbes conventionnelles dites *de niveau* et généralement équidistantes en hauteur. Différents moyens de les lever : 1° dans les plaines et sur les plateaux, Courbes isolées levées point par point ; 2° dans les pays accidentés, par sections verticales le long des pentes.

Construction et usage des Échelles de pente.

Rappel des principes de la perspective centrale ou conique. — Application au lever des plans, à l'aide de vues dessinées à la Chambre Claire ou photographiées. Emploi de la Stéréoscopie, de la Téléphotographie et de la Téléstéréoscopie. Résultats obtenus en France et à l'Étranger.

Des Télémètres en général. — Télémètre stéréoscopique,

Application de la topographie aux travaux agricoles

et aux travaux publics. — Calcul des déblais et des remblais. Principe et emploi des Plans Cotés. Évaluation des surfaces, emploi des Planimètres.

Notions sommaires sur la constitution de la croûte terrestre. — Relation entre la nature géologique et les formes extérieures du terrain.

Géodésie.— Grandeur et Figure de la Terre. Méridiens et Parallèles. Mesures d'Arcs plus ou moins étendus, par la méthode des triangulations. Appareils à mesurer les bases. Instruments de haute précision pour la mesure des angles; méthodes d'observation pour éliminer les *erreurs systématiques.*

Répétition et *réitération.* — Cercles et Théodolites répétiteurs et réitérateurs.

Théorie des erreurs accidentelles. — Application du calcul des probabilités. Comment on tient compte de la courbure de la terre : 1° dans le calcul des triangles géodésiques; 2° dans le calcul des différences de niveau des sommets (Nivellement géodésique). Réfraction atmosphérique. Correction. Observations réciproques et simultanées.

Résultats principaux des grandes opérations géodésiques effectuées en différents pays et à différentes latitudes.

Aplatissement du Sphéroïde terrestre. Sa forme irrégulière.

Expériences du pendule seulement mentionnées. Attractions locales.

Système Métrique Décimal. *Longueur conventionnelle du Mètre* adoptée par les nations civilisées.

Construction et usage du globe terrestre artificiel.

Cartographie. — Systèmes de projection des cartes géographiques les plus répandus, dont la théorie géométrique est donnée dans la deuxième année du Cours. Échelles en usage.

Signes conventionnels. Figuré du relief. Cartes à plusieurs couleurs. Indications concernant la lecture des cartes en général. État de la Cartographie dans les pays civilisés.

DEUXIÈME ANNÉE

Astronomie populaire et ses applications.

Notions préliminaires. — Aperçu historique sur les progrès de l'astronomie depuis l'antiquité jusqu'à nos jours. Causes de l'interprétation erronée des phénomènes célestes par les anciens astronomes. Des effets de la perspective. Aspect du ciel étoilé. Sphère céleste; comment il faut entendre aujourd'hui cette expression. Inertie et action des forces. Illusions du mouvement relatif.

Rappel des notions relatives à la figure et aux dimensions de la Terre d'où nous observons les astres. Influence de l'atmosphère. Réfraction de la lumière altérant les directions des astres. Limitation de notre vue à un hémisphère. Rotation apparente de la sphère céleste résultant de la rotation de la Terre autour d'un axe central.

Uranographie.— Pôles terrestres et Pôles célestes. Verticale. Zénith et Nadir. Horizon apparent. Horizon céleste. Coordonnées locales. Hauteurs et Azimuts. Méridiens et Parallèles célestes. Premières coordonnées célestes. Ascensions droites et Déclinaisons. Catalogues d'étoiles. Globes célestes. Les étoiles prises comme repères dans l'étude des mouvements apparents du Soleil, de la Lune, des Planètes et des Comètes.

Instruments fondamentaux des observatoires. — Horloge astronomique et Chronomètre. Principaux organes de ces deux sortes d'instruments. Description détaillée de l'Horloge astronomique.

Lunette méridienne et Cercle mural. Cercle méridien réunissant les deux premiers. Lunette parallactique ou Équatorial. Grands Télescopes à réflexion et grands Réfracteurs sous coupoles tournantes.

Astronomie géométrique planétaire. Le Soleil. — Mouvement apparent de cet astre sur l'Écliptique. Zodiaque. Nouvelles coordonnées. Longitudes et Latitudes célestes. Le mouvement apparent du Soleil dû au mouvement réel de la Terre dans son orbite autour de cet astre.

Effets des mouvements apparents du Soleil et de la sphère céleste. Lever et coucher de l'astre. Inégalité des jours et des nuits modifiée par le phénomène du crépuscule dû à l'interposition de l'atmosphère terrestre. Solstices et Équinoxes. Saisons et Climats expliqués par l'inclinaison de l'axe de rotation de la Terre sur le plan de son orbite.

Modifications lentes et périodiques du mouvement apparent du Soleil. Précession des équinoxes; Nutation; leur explication géométrique.

Mesure du temps d'après l'observation du mouvement diurne. Constance du jour sidéral. Jour solaire vrai et jour solaire moyen. Équation du temps. Gnomon. Tracé de la Méridienne. Cadrans solaires. Instruments portatifs donnant spontanément l'heure solaire. Année sidérale. Année tropique. Calendrier solaire.

La Lune. — Phases et aspects. Sa rotation autour

d'un axe central. Son orbite autour de la Terre. Révolution sidérale. Révolution synodique ou mois lunaire. Calendrier lunaire. Calendrier luni-solaire. Différents cycles. Fixation de la fête de Pâques. Phénomène des éclipses de Lune et de Soleil; leur périodicité; leur prédiction pour les différents lieux de la Terre. Distance de la Lune à la Terre. Parallaxe observée de deux stations éloignées. Diamètre angulaire et diamètre réel de la Lune. Principales inégalités du mouvement de cet astre. Phénomène de la Libration.

Les planètes. — Planètes connues des Anciens : Mercure, Vénus, *la Terre*, Mars, Jupiter et Saturne. Conjonctions, élongations des deux premières (intérieures), oppositions des trois autres (extérieures). L'explication des mouvements apparents irréguliers des planètes définitivement donnée par Copernic. Lois de Képler concernant la forme des orbites des planètes et les durées de leurs révolutions autour du Soleil. Loi empirique de Titius ou de Bode indiquant la progression des distances des planètes au Soleil.

Planètes découvertes depuis l'invention des lunettes ; Uranus, Neptune et la série des petites planètes situées entre Mars et Jupiter comblant la lacune signalée dans la loi de Bode.

Satellites obéissant aux lois de Képler. Anneau de Saturne ; explication géométrique des divers aspects de ce singulier appendice.

Dimensions du système solaire. — Distance de la Terre au Soleil. Parallaxes observées lors des passages de Vénus sur le disque du Soleil ou à l'époque des oppositions de Mars. Observations entreprises sur la planète Eros. Diamètre et volume réels du Soleil.

Distances moyennes des planètes au Soleil. Diamètres et volumes réels des principales planètes d'après leurs diamètres apparents mesurés micrométriquement. Leur rotation autour d'un axe central. Durée des années et des jours à la surface de ces planètes.

Des Comètes. Leur aspect et leur mouvement apparent. Leurs orbites sur une section conique autour du Soleil selon les lois de Képler. Comètes périodiques. Prédictions vérifiées de leur retour.

Les Étoiles filantes, les Météorites ou Uranolithes et les Bolides. Points radiants des étoiles filantes à certaines époques de l'année.

Tableau des principaux constituants du système solaire comprenant les satellites connus des grandes planètes.

Astronomie stellaire. — Les Étoiles. Leur éclat relatif désigné sous le nom de *grandeur*. Leur répartition sur la sphère céleste. Principales constellations formées par les étoiles les plus brillantes. Étoiles colorées, étoiles variables, temporaires, périodiques, disparues.

Étoiles doubles, multiples, amas d'étoiles. Voie lactée. Sacs à charbon. Nébuleuses réductibles ou irréductibles. Aspect du ciel étoilé aux différentes époques de l'année. Utilisation des globes et des cartes célestes à cet effet. Étoile polaire boréale servant dans notre hémisphère à l'orientation rapide pendant la nuit. Parallaxes de quelques étoiles.

Notions élémentaires de mécanique céleste. — Pesanteur à la surface de la Terre. Loi de la chute des corps. Gravitation universelle. Masse et densité des corps célestes. Perturbations produites par leurs actions réciproques. Phénomène des Marées. Force centrifuge. Aplatissement de la Terre et de plusieurs planètes. Lois de Képler déduites de la loi de la gravitation universelle. Importance décisive de la mécanique céleste pour le calcul des éphémérides.

Astronomie physique. — Observation des corps célestes au point de vue de leur constitution physique.

Montagnes de la Lune. Cirques analogues à ceux des volcans terrestres, mais relativement plus grands. Traînées rayonnantes. Plaines désignées sous le nom de *mers*. Rareté ou absence d'une atmosphère.

Taches du Soleil. Facules. Grains de riz. Chromosphère. Couronne. Photosphère. Jets de gaz lumineux à d'immenses hauteurs.

Calottes polaires de Mars. Canaux sillonnant la surface de la planète; leurs divers aspects imparfaitement expliqués.

Bandes équatoriales de Jupiter et de Saturne. Tache rouge de Jupiter. — Divisions de l'anneau de Saturne.

Vitesse de propagation de la lumière décelée par l'observation des éclipses des satellites de Jupiter; mesurée depuis par les physiciens sur de très petites bases terrestres. Phénomène de l'Aberration. Remarque au sujet de l'intervalle de temps considérable qui peut s'écouler entre l'instant de phénomènes stellaires et celui où ils sont perçus à la surface de la Terre.

2

Décomposition de la lumière à travers un prisme. Raies de Fraunhofer; leur explication. Analyse spectrale du Soleil, des étoiles et des comètes.

Scintillation. Lumière zodiacale.

Photographie des corps célestes. — Instruments appropriés. Objectifs à foyer chimique bien déterminé. Photohéliographe horizontal ou Sidérostat employé pour obtenir les images du Soleil, de ses éclipses, des passages de Vénus. — Lunette coudée de l'Observatoire de Paris consacrée en particulier à une remarquable étude de la Sélénographie. — Lunette parallactique des frères Henry, adoptée universellement pour la construction de la carte du ciel. Photographie des principales planètes, des comètes, de la lumière zodiacale, des spectres des étoiles et des nébuleuses.

Petites planètes découvertes sur deux épreuves photographiées de la même région du ciel, immédiatement ou au moyen du stéréo-comparateur. Effets stéréoscopiques intéressants produits sur la Lune, sur les planètes et les comètes en avant des étoiles formant *fond de tableau.*

Rôle imminent de la photographie dans l'astronomie de position.

Résumé des connaissances acquises. — Exposé sommaire des hypothèses qu'elles ont provoquées concernant la constitution de l'univers et la formation du système solaire en particulier.

Application de l'astronomie à la géographie et à la navigation. Géométrie et astronomie sphériques. — Projection de la sphère sur un plan. Analemme ou projection orthographique. Astrolabe ou projection stéréographique. Tracé des méridiens et des parallèles. Problèmes d'uranographie résolus graphiquement.

Indication rapide des principales projections employées en cartographie pour conserver soit les angles ou la similitude des figures, soit les surfaces. Projection de Mercator ou carte marine. Ses propriétés particulières.

Positions géographiques. — Détermination de la hauteur du pôle ou de la latitude du lieu par l'observation du Soleil ou d'une étoile dans le plan du méridien.

Détermination de l'heure locale par l'observation de la hauteur d'un astre, à l'est ou à l'ouest du méridien. Longitude déterminée par le transport de chronomètres ou par l'observation de phénomènes instantanés; éclipses des satellites de Jupiter; occultations d'étoiles par la Lune; culminations lunaires; signaux de feu, signaux optiques, signaux télégraphiques envoyés d'un lieu plus ou moins éloigné, à des heures connues.

Instruments à l'usage des voyageurs et des marins. — Cercle méridien portatif. Théodolite. Lunette d'un mètre permettant d'observer les occultations (à terre). Sextant et Cercle à réflexion (à terre et en mer). Horizon artificiel (à terre). Horizon de la mer. Correction de la réfraction et de la dépression de l'horizon. Boussoles et Compas. Baromètres (pour mémoire). Usage des éphémérides. Connaissance des temps et Annuaire du Bureau des Longitudes.

TROISIÈME ANNÉE

Cinématique ou science des mécanismes.

Notions générales sur les machines. — Aperçu historique et composition d'une machine : moteur, récepteur, mécanisme interposé. Formes et mouvements géométriques des mécanismes, abstraction faite des forces qui les actionnent.

Notions préliminaires de géométrie et de cinématique. — Figures planes les plus simples. Droites et Cercles. Méthode des limites. Principe de continuité.

Courbes planes en général. Tangentes et Normales. Courbure. Cercle osculateur. Développées et Développantes. Enveloppes.

Définition du mouvement d'un point ou d'un système de points : repères supposés fixes ; mouvement absolu. Repères entraînés eux-mêmes ; mouvement relatif. Trajectoire. Vitesse linéaire et vitesse angulaire. Unités de temps. Mouvement uniforme, mouvement varié, accélération, mouvement uniformément varié.

Déplacement d'une figure plane dans son plan. Centre instantané de rotation. Lieu géométrique des centres instantanés. Théorème de Chasles. Théorie des trajectoires polaires.

Mouvement relatif de deux figures planes, de deux solides. Roulement et glissement. Transmission du mouvement par contact immédiat. Condition pour que la transmission s'opère par roulement sans glissement. Courbes roulantes.

Principales courbes mécaniques. — Sections coniques. Propriétés géométriques et cinématiques de l'Ellipse. Ellipse tracée d'un mouvement continu. Compas de menuisier, Tournette, etc. Pendule de White, Parallélogramme de Reuleaux. Roues de Rœmer et de Huygens.

Principe de la Machine à mortaiser de Sharp. Compensation du Joint universel par M. Normand. — Les ellipses courbes roulantes. Engrenages elliptiques.

Propriétés de l'Hyperbole. Engrenages hyperboliques.

Propriétés de la Parabole. Mécanisme à tracer la parabole. Paraboloïdes de révolution ; leur emploi fréquent dans les arts. Propriétés métriques de la parabole. Propriétés projectives des sections coniques.

Cycloïdes, Épicycloïdes, Hypocycloïdes. Appareils pour tracer ces courbes d'un mouvement continu. Plume de Suardi. Cycloïde ordinaire, raccourcie ou allongée. Épicycloïde ordinaire, raccourcie ou allongée. Épicycloïdes sphériques.

Propriétés mécaniques de la cycloïde. Tautochrone et Brachistochrone.

Pendule de Huygens.

Spirale d'Archimède. Courbes en cœur des Cames et des Excentriques. Engrenages de Wiesbach. Ressorts de montres. Compas à spirale d'Archimède.

Spirale logarithmique. Courbe roulante. Presse mécanique de Bacon et Dunkin. Spirale hyperbolique (pour mémoire).

Conchoïdes de la droite et du cercle; leur tracé et leurs propriétés.

Lemniscate. Courbe décrite par l'extrémité de la bielle entraînée par le parallélogramme de Watt.

Courbes à double courbure. — Plan osculateur. Angle de flexion ou de torsion. Hélices cylindriques et surfaces hélicoïdales ; rayon et pas ; vis à filet carré, à filet triangulaire, etc., à plusieurs filets. Hélice droite (dextrogyre), hélice gauche (lévogyre) ; vis et écrous ; écrou fixe, écrou mobile ; vis de deux sens opposés ; tendeur d'attelage ; vis de serrage ; vis de calage ; vis micrométrique. Hélice à pas allongé. Canons rayés. Machines hydrauliques simples. Vis d'Archimède et Vis Hollandaise. Hélice des navires.

Représentation graphique du mouvement d'un point. —Courbes des espaces, des vitesses et des accélérations. Vérification de la loi de la chute des corps par le tracé de la courbe des espaces avec la machine du général Morin.

Principaux systèmes de classification proposés pour les mécanismes. — On rattache les mécanismes décrits aux deux suivants qui sont dés plus nets.

Classification de Willis :

Classe A. Sens de la transmission et rapport des vitesses constants.

Classe B. Sens de la transmission constant et rapport des vitesses variable.

Classe C. Sens de la transmission variant périodiquement et rapport des vitesses constant ou variable.

Tout mécanisme est ainsi considéré comme un système de deux organes dont l'un agit sur l'autre, sans qu'il soit question d'intermédiaire.

Dans la classification suivante, on sépare les mécanismes en deux catégories, l'une où les deux organes sont en contact immédiat et l'autre où ils sont réunis par des liens rigides ou flexibles.

1. Contact immédiat et roulement simple.
2. Contact immédiat, roulement et glissement.
3. Liens rigides.
4. Liens flexibles.
5. Liens redoublés.

Des Engrenages. — Axes parallèles. Engrenages cylindriques extérieurs ou intérieurs. Crémaillères : à épicycloïde et fuseau ; à épicycloïde et rayon ; à épicycloïde et hypocycloïde ; à développantes. Dents tracées par arcs de cercle. Odontographe de Willis.

Axes concourants. Engrenages coniques extérieurs et intérieurs. Cas particulier des axes à angles droits. Roue de champ ; roue dentée et vis sans fin. Cônes roulants. Plaques tournantes.

Axes non situés dans le même plan. Première solution par un double engrenage conique. Engrenages hyperboliques de Bélanger. Engrenages hélicoïdaux sans frottement de Hooke et de White. Engrenage à coins de Minoto.

Engrenages d'angle à axe mobile pour changement de marche.

Trains d'engrenages ou équipage de roues dentées. —

Rapport des vitesses des roues extrêmes constant. Sens de la transmission conservé ou inversé. Exemples pris dans les instruments d'horlogerie, puis dans les appareils de physique où le rapport des vitesses est considérable.

Joints conservant le rapport des vitesses et le sens de la tranmission. — Joint d'Oldham, de Goubet, de Clemens.

Liens flexibles. — Rapport des vitesses et sens de la transmission constants. Poulies, Moufles et Palans. Mouvement limité. Treuils et Cabestans. Mouvement alternatif. Balancier à cordes ou à lanières.

Moufles plates. Moufle de White. Palan sur palan ou palan sur garant.

Liens rigides. — Rapport de vitesses constant. Mouvement circulaire continu transmis à rapport variable ; circulaire continu transformé en circulaire alternatif ; circulaire alternatif en circulaire alternatif. — Arbres coudés. Pédales. Mouvements de sonnettes, etc.

Articulations simples. — Levier articulé. Balancier. Bielle et Manivelle. Application du principe du centre instantané à l'étude du rapport des vitesses aux deux extrémités de la bielle.

Guidage. — Tige guidée. Bouton de manivelle conduisant une tige guidée.

Courbes des espaces, des vitesses et des accélérations de l'extrémité de la bielle ou de la tige guidée.

Cames et excentriques. — Cames en général. Cames

plates, à galets, à rainures, à cadres. Came à détente. Excentriques à anneaux ou à bagues. Comparaison des courbes des espaces, des vitesses et des accélérations dans ces mécanismes avec celles du bouton de manivelle et de la tige guidée.

Tracé d'une came d'après une courbe des espaces donnée. Tracé automatique de la courbe des espaces correspondant à une came donnée. Manœuvre des tiroirs de machines à vapeur.

Articulations produisant des mouvements composés. — Parallélogramme de Watt. Losange articulé de Peaucellier guidant en ligne droite. Son compas articulé pour tracer des cercles de grands rayons et jusqu'à la ligne droite. Mécanismes analogues de Hart et de Kempe. Pantographe ordinaire, multiple, inverseur.

Joint universel de Cardan ou de Hooke. Loi de la variation du rapport des vitesses. Rapport constant rétabli par le double joint. Comparaison avec les articulations des crustacés et des insectes. Mouvement à retour rapide au moyen de deux manivelles.

Mouvements alternatifs divers. — Calandres. Mécanismes des filatures, des presses, etc. Mouvements intermittents.

Nouvelle classe de mécanismes dans lesquels le sens de la transmission est constant, le rapport des vitesses étant variable.

Secteurs circulaires dentés. Courbes roulantes dérivées de l'ellipse : bilobées, trilobées, quadrilobées.

Mécanismes imaginés pour la construction des *planétaires*.

Roues de Rœmer, de Huygens.

Mouvements intermittents. — Détentes, encliquetages, déclics. Roue à rochet. Encliquetages faisant avancer d'un nombre entier de dents ou seulement d'une fraction de dent.

Levier de Lagarousse. Cliquet réversible. Levier d'encliquetage. Encliquetage Dobo à frottement. Encliquetage de Saladin. Encliquetage muet.

Déclic à bascule. Déclic des sonnettes. Cataracte des machines de Cornouailles. Échappement à ancre et à repos de Graham.

Embrayages et débrayages : par manchon mobile; par cônes de friction; par rouleau de tension; par rouleau de pression.

Trains épicycloïdaux. — Mouche de Watt. Paradoxe mécanique de Fergusson. Engrenage de Lahire. Compteur épicycloïdal. Machine planétaire. Roue satellite. Compteur de Clair.

Mouvements différentiels. — Systèmes de leviers. Treuil chinois. Palan différentiel. Vis différentielle de Prony ou de White. Mouvement différentiel des outils à percer. Compteurs de tours décimaux. Odomètre et compteur de tours de Wollaston. Treuil différentiel de Weston. Minuterie des montres et des horloges.

Mécanismes composés. — Conchoïdes. Réglette de Nicomède. Réglette de Lacondamine. Machine oscillante de Carré. Rosettes. Tracé d'une courbe quelconque par un double mécanisme de cames et de tiges guidées à angles droits de Lanz et Bétancourt ou de rosettes calées sur une même manivelle et de galets portés par des leviers. Écritures microscopiques exécutées par Froment à l'aide d'un appareil de ce genre et d'un pantographe. Tour à guillocher.

Balance de Cartwright. Coulisse de Stephenson.

Des moyens de régler le mouvement des mécanismes. — Supports et Guides des organes des mécanismes. Assemblage et accouplement d'arbres. Roues de rechange fixées à un axe. Roues étagées. Roues parasites. Poulies alternes complémentaires. Machine à fileter les vis.

Rapport des vitesses changé graduellement. Poulies en forme de solides de révolution. Poulies d'expansion. Disque et galet. Conoïde équitangentiel (engendré par une tractrice).

Automatique. — Aperçu historique sur les androïdes et en général sur les mouvements imités de la nature animée.

Mouvements d'horlogerie isolés ou servant à conduire d'autres mécanismes.

Principe des mouvements automatiques des outils. *Self-acting* des Anglais. Exemples nombreux de machines-outils réglables que l'on peut voir fonctionner dans les grandes usines ou aux expositions.

Instruments enregistreurs employés aujourd'hui dans une foule de circonstances. Exemples choisis en météorologie et en physiologie, où ils ont donné naissance à la chronophotographie. Diagrammes tracés par des enregistreurs de vitesse, du travail des machines, etc. Instruments destinés à relever les diagrammes. Totalisateurs. Planimètres. Intégrateurs. Machines à calculer en général.

GÉOMÉTRIE DESCRIPTIVE

Chaire créée par ordonnance du 26 septembre 1839.

PROFESSEURS

1839-1853, Th. Olivier, mathématicien.

1854-1883, J.-A.-R. Maillard de la Gournerie, membre de l'Institut.

Depuis le 10 janvier 1884, M. E. Rouché (O. ✻), membre de l'Institut.

Professeur remplaçant depuis le 29 octobre 1903, M. Lucien Lévy (✻), examinateur d'admission à l'École polytechnique.

PROGRAMME GÉNÉRAL

1re *année*. — Les divers modes de représentation géométrique employés dans les sciences et dans les arts.

2e *année*. — La charpente et la coupe des pierres.

3e *année*. — La statique graphique et ses diverses applications.

Objet du Cours. — Le Cours de Géométrie descriptive a pour objet les divers emplois du dessin mathématique tant au point de vue de la représentation pure qu'à celui de la résolution des problèmes qui se posent à l'ingénieur ou à l'architecte.

Notions exigées des auditeurs. — Les connaissances nécessaires pour suivre ce Cours sont tout à fait élémentaires : en géométrie, les triangles semblables, les aires, les droites et plans parallèles ou perpendiculaires, la définition des courbes usuelles ; en arithmétique, les opérations élémentaires, les proportions et le système métrique, y compris les mesures de longueurs, de surfaces ou de volumes, telles, par exemple, que la longueur de la circonférence ou le volume du cône, de la sphère ; en algèbre, les équations du premier degré ; en géométrie descriptive, la représentation du point, de la droite et du plan, les intersections de droites et de plans. D'autres notions sont bien invoquées par le Professeur dans le cours de son enseignement ; mais celui-ci a soin de donner des explications suffisantes pour pouvoir être compris des auditeurs qui n'auraient pas d'autres connaissances acquises que celles ci-dessus énumérées. Il fait au besoin distribuer des feuilles autographiées comprenant ces explications.

Durée du Cours. — Le Cours dure trois années ; la première année est consacrée aux divers modes de représentation des corps, la deuxième à la Stéréotomie (Charpente et Coupe des pierres), la troisième à la Statique graphique et à ses diverses applications.

PROGRAMME DÉTAILLÉ

PREMIÈRE ANNÉE

Les divers modes de représentation géométrique employés dans les Sciences et dans les Arts.

Objet du Cours de Première année. — Ce Cours est suivi surtout par des dessinateurs de profession, des élèves architectes, des conducteurs des Ponts et Chaussées, des candidats aux diplômes d'enseignement du dessin dans les divers établissements de la Ville ou de l'État, quelques artistes professionnels ou amateurs, décorateurs de théâtre, perspecteurs ou autres.

Programme du Cours. — Étant donné que la plupart de ces auditeurs ont déjà étudié la Géométrie descriptive élémentaire, soit dans des établissements d'instruction publique, écoles, collèges ou lycées, soit dans un des si nombreux cours du soir que le public trouve dans presque tous les quartiers de Paris, le Professeur passe rapidement sur le mode de représentation des corps par deux projections orthogonales et aborde dès les premières leçons la Perspective linéaire ou conique. Il y trouve d'ailleurs l'occasion de traiter tous les problèmes de la méthode des doubles projections et souvent par des méthodes d'une portée plus générale ; ce mode de représentation est le plus exact au point de vue de l'aspect extérieur des corps et les auditeurs y apprennent, en même temps que des notions précises de géométrie, à faire l'éducation de leur œil, à savoir lire un dessin ou comprendre un tableau.

Dans la première partie du Cours, on apprend à construire la perspective d'un point, d'une ligne droite, d'une figure plane quelconque tracée dans le géométral; on passe de là à la perspective d'un objet quelconque dont les deux projections orthogonales sont connues. On observe ensuite que bien des constructions peuvent être effectuées directement sur le tableau sans passer par l'intermédiaire d'une épure géométrale; ces constructions, dont la plupart exigent l'opération dite « relèvement du géométral », sont soigneusement énumérées. La théorie est constamment éclairée par des exemples empruntés à tous les objets usuels présentant des formes géométriques : escabeaux, tables, piliers à base carrée, croix; aux diverses parties des édifices : murs, fenêtres, portes, toitures, lucarnes, escaliers; pour la perspective du cercle, on considère des tours rondes, des arcades, des arches de ponts. Enfin l'on aborde l'étude des corps ronds, de leurs contours apparents et de leurs intersections : voûtes d'arêtes comprenant des berceaux soit cylindriques, soit tournants, soit conoïdes; balustres, etc.

Après deux leçons consacrées à l'étude des images dans les miroirs ou dans les nappes d'eau, on aborde l'importante question des ombres. Ici l'on est obligé d'insister davantage sur le côté géométrique du problème, et ce n'est qu'après avoir soigneusement rappelé comment sont déterminées les ombres propres ou portées des différents objets rectilignes ou arrondis que les mêmes problèmes sont abordés au point de vue de la Perspective linéaire. Les exercices d'application portent naturellement sur les objets étudiés dans la première partie du Cours.

Une question capitale est celle de la reconstitution des objets d'après leur perspective. C'est le problème inverse de celui traité jusqu'alors; il est plus ou moins précis suivant la vue qu'il s'agit de restituer et suivant les données qu'elle fournit. Les divers cas possibles sont soigneusement énumérés.

La théorie de l'homologie a rendu de grands services pour résumer certaines constructions précédemment rencontrées ; elle sert de nouveau à illuminer la théorie des Bas-reliefs.

Le Cours de Perspective linéaire se termine par une ou deux leçons sur la décoration théâtrale.

Une fois la Perspective linéaire complètement étudiée, les autres modes de représentation se comprennent facilement et quelques leçons suffisent pour dire l'essentiel en ce qui concerne la Perspective cavalière, la Perspective axonométrique et la Perspective isométrique.

Contrôle du travail des auditeurs. — Pendant la durée du Cours, de nombreux exercices ont été proposés aux auditeurs, leurs épures leur ont été rendues corrigées, des interrogations particulières ont été faites par le Professeur à ceux qui en ont exprimé le désir. Il serait à souhaiter que ces épures d'application pussent être faites sous la direction du Professeur; malheureusement l'exiguïté des locaux du Conservatoire d'une part, et, il faut bien le dire, d'autre part le manque de demandes des assistants qui ont, la plupart du temps, trop d'autres occupations en semaine et même le dimanche matin pour pouvoir consacrer trois ou quatre heures consécutives à l'exécution d'un travail scolaire, n'ont pas permis la réalisation de ce desideratum. Il faut espérer que ce progrès ne tardera pas à s'accomplir à mesure que les auditeurs, mieux éclairés sur leurs besoins, en sentiront davantage la nécessité et que, plus confiants dans le dévouement de leur Professeur, ils oseront davantage faire appel à ses conseils.

DEUXIÈME ANNÉE

Charpente et Coupe des pierres.

Objet du Cours. — Le Cours de Deuxième année a un titre suffisamment précis pour qu'il ne soit pas nécessaire de le commenter. Il est suivi par les candidats aux titres d'ingénieurs, d'architectes et de constructeurs, gâcheurs, contremaîtres, conducteurs de travaux.

Programme : Notions préliminaires. — Les auditeurs se renouvelant partiellement chaque année, il est nécessaire de revenir rapidement sur les notions de géométrie descriptive indispensables à l'intelligence du Cours. La représentation des corps, aussi bien par la méthode des doubles projections que par la perspective cavalière, les intersections des droites et des plans, la méthode des rotations et des rabattements sont rappelées dans les premières leçons. On étudie ensuite les problèmes relatifs aux prismes, pyramides, cônes, cylindres et surfaces de révolution. Il est même nécessaire, en vue de certains appareils de stéréotomie, de pénétrer plus avant dans la géométrie des surfaces et d'étudier le paraboloïde, plus généralement même les surfaces gauches ainsi que leur raccordement.

Les exemples, dans cette première partie, ont été naturellement empruntés à la Stéréotomie, de manière à préparer l'étude systématique à laquelle sont réservées les deuxième et troisième parties du Cours.

Charpente. — La deuxième partie est exclusivement

consacrée à la charpente en bois et en fer. Bien que le Cours soit surtout descriptif, la raison d'être des diverses dispositions adoptées est soigneusement expliquée, de même qu'on apprend à fixer les dimensions des pièces suivant la nature et l'intensité des efforts qu'elles auront à supporter, efforts longitudinaux, efforts transversaux, efforts de torsion.

L'étude des assemblages commence par ceux où le fer joue un rôle, soit seul (couvre-joints et rivûres), soit associé au bois (frettes, équerres, étriers). Voici la liste des assemblages de bois qui ont été étudiés pendant l'année scolaire 1903-1904 : assemblages obliques à mi-bois avec ou sans embrèvement pour les pièces croisées (croix de Saint-André), assemblages dans lesquels une seule pièce est limitée à l'assemblage (embrèvement simple, embrèvement simple avec enfourchement, joint anglais, assemblage à oulice avec ou sans embrèvement, assemblages droits ou obliques à tenon et mortaise, encastrements, assemblages avec renfort en chaperon, assemblages à queue d'hironde — en remarquant que ces derniers assemblages sont de plus en plus abandonnés dans la charpente et sont réservés à la menuiserie ou à l'ébénisterie — assemblages droits à tenon sur l'arête). L'étude des assemblages se termine par les pièces qui sont limitées à leur rencontre, soit que les pièces se rencontrent à angle droit (onglets ou anglets, assemblages par simple entaille à mi-bois), soit qu'elles soient dans le prolongement l'une de l'autre (entures par quartier à mi-bois ou en queues d'aronde, traits de Jupiter). Ce dernier assemblage est d'ailleurs le plus souvent remplacé par un simple boulonnement à l'aide de deux couvre-joints, comme cela se pratique dans la Charpente métallique. Après quelques mots sur les moises et sur les assemblages de pièces délardées, l'on aborde l'étude des combles : rôle de chaque pièce, enrayure d'une croupe biaise, arbalétrier d'arêtier, arbalétrier de long pan, empanon droit, empanon déversé, empanon délardé. Cette partie du Cours se termine par les escaliers en bois.

Coupe des pierres. — La Coupe des pierres remplit la troisième partie du Cours ; elle est traitée dans le même esprit que la Coupe des bois, c'est-à-dire qu'on ne se borne pas à une description pure. Sans insister sur les raisons qui font choisir telle forme ou telle dimension, eu égard à la destination du mur ou de la voûte, à son emplacement, aux conditions d'économie et de stabilité, à la résistance des matériaux — recherche qui, à proprement parler, est étrangère à la Stéréotomie — on en dit assez pour intéresser les auditeurs aux divers appareils qui leur sont décrits. On passe ensuite au tracé de l'appareil et à la représentation d'un voussoir courant, on donne la marche à suivre pour effectuer la taille ; enfin, lorsqu'on a reconnu les éléments nécessaires pour la taille, on détermine graphiquement les vraies grandeurs de ces éléments. Cet ordre est rigoureusement observé dans l'étude de chaque appareil ; quant aux méthodes de taille, on indique dans chaque cas celle des deux méthodes principales qui doit être employée (taille par équarrissement et taille directe.)

Des indications sont aussi données sur la pose et sur le ravalement.

Les murs peuvent être plans droits, en talus, biais, biais en talus, en pan coupé, en rampe, cylindriques droits ou obliques, coniques et même gauches.

Pour les portes, on étudie les portes biaises en talus, les portes droites en mur droit ou en talus, les portes biaises en mur droit, les berceaux droits ou biais, en mur droit ou en talus, la porte droite en tour ronde, la porte droite ou biaise en tour ronde, en talus, l'œil-de-bœuf, la porte conique. A ce propos, on explique le rôle et la taille des diverses arrière-voussures, de Marseille, de Montpellier, de Saint-Antoine et conique.

Puis viennent la descente biaise en mur droit, la descente biaise et en talus.

Les escaliers étudiés sont l'escalier en vis-à-jour avec balancement et sans limon, l'escalier en tour ronde, l'escalier à noyau plein et à intrades continu ou discontinu, la vis Saint-Gilles.

Les voûtes de révolution à axe vertical fournissent une heureuse occasion d'exposer les deux méthodes de taille; les autres voûtes décrites sont la niche sphérique et le berceau tournant.

La trompe cylindrique en tour ronde, la trompe cylindrique sur pan coupé, la trompe sur le coin, la trompe biaise en talus sont entièrement approfondies; pour la trompe plate, la trompe de Montpellier, la trompe à pans, les trompes coniques, les trompes sphériques et la trompe annulaire, on se borne à une simple définition.

Les voûtes composées comprennent : le berceau coudé (deux méthodes de taille), la voûte d'arête, la voûte d'arête avec arcs doubleaux, la voûte en arc de cloître, la voûte d'arête avec pan coupé, la voûte d'arête à double arêtier avec pendentifs et plafond, la voûte d'arête en tour ronde, la lunette droite en berceau, la voûte sphérique sur plan carré avec pendentifs et formerets, la voûte sphérique avec pendentifs, lunettes et arcs doubleaux, la voûte sphérique avec trumeaux, formerets et arcs doubleaux.

Le Cours se termine par les ponts biais : biais passé cylindrique, biais passé gauche, arches échelonnées. Les lits peuvent être cylindriques ou gauches : appareil orthogonal, appareil orthogonal simplifié, appareil hélicoïdal (points d'équilibre, théorème du foyer), appareil hélicoïdal simplifié, appareil orthogonal convergent, appareil orthogonal convergent modifié.

Les auditeurs sont exercés à l'exécution des épures et à la taille des voussoirs.

TROISIÈME ANNÉE

La Statique graphique et ses diverses applications.

Objet du cours de Troisième année. — La Statique graphique, c'est-à-dire la résolution des problèmes de Mécanique par des procédés de représentation géométrique, est particulièrement utile aux ingénieurs, aux constructeurs, aux charpentiers et aux architectes.

Les dessinateurs de profession employés dans ces différents services ont aussi tout profit à se rendre compte du but des dessins que leurs chefs leur demandent de tracer. C'est un des mérites du Conservatoire d'avoir le premier (¹) introduit en France l'enseignement public de la Statique graphique, qui jouissait depuis longtemps à l'étranger d'une vogue si méritée. Il est à espérer que nombre d'emplois, dont certains de premier ordre, tels que celui de directeur d'un grand atelier de construction, emplois actuellement entre les mains d'ingénieurs étrangers, notamment d'élèves de l'École de Zurich, pourront dans un avenir prochain être confiés à des Français munis du diplôme du Conservatoire des Arts et Métiers.

Programme du Cours. — Quoique les méthodes géo-

(¹) Le premier Cours public de Statique graphique fait en France a été professé au Conservatoire des Arts et Métiers en 1884 par M. Rouché, en même temps que M. Maurice Lévy, l'auteur du *Traité de Statique graphique* universellement connu, consacrait son enseignement du Collège de France à la même science.

métriques constituent l'essence même de la Statique graphique, il est nécessaire de posséder certaines notions d'algèbre et de géométrie analytique et quelques leçons doivent être consacrées à les reviser. Ces leçons sont professées au moment où elles doivent recevoir leur application ; elles portent sur les équations du second degré, la définition des dérivées et le calcul des dérivées algébriques les plus simples, la représentation des fonctions par des courbes, le calcul de l'aire de la parabole. Le Cours fournit aussi l'occasion de revoir les propriétés élémentaires des coniques, principalement de la parabole, et, dans l'espace, du paraboloïde hyperbolique.

Après un exposé élémentaire de la théorie des vecteurs et des moments, on définit les polygones funiculaires et l'on étudie leurs propriétés tant géométriques que mécaniques, leur usage pour la composition des forces ou des moments. Les questions de mesure exacte, qui exigent des notions précises sur les échelles, sont élucidées dès le début du Cours. On sait qu'un corps solide assujetti à avoir des points fixes ne peut être assimilé à un solide libre que grâce à l'adjonction de certaines forces, appelées réactions des appuis. La Statique graphique fournit de la manière la plus aisée la mesure de ces réactions.

Elle donne par des procédés tout aussi élégants la détermination des centres de gravité et celle des moments d'inertie (méthode de Mohr).

Pour traiter complètement ces problèmes, il a fallu s'élever de la notion de polygone funiculaire à celle de courbe funiculaire. De nombreux exemples ont été traités concernant des profils simples ou usuels, rectangles pleins ou évidés, triangles, fers à Té, rails de chemins de fer, etc.

Pour le calcul des charges, on a considéré les ponts ordinaires, les ponts suspendus, les planchers.

L'esprit des méthodes permet de les étendre aux problèmes les plus variés; c'est ainsi, pour ne prendre que des exemples très opposés, qu'on peut déterminer la puissance d'une roue hydraulique ou trouver une fonction dont la seconde dérivée ait dans un premier intervalle une valeur donnée $f(x)$, dans un second une autre valeur $f_1(x)$, dans un troisième la valeur $f_2(x)$, et ainsi de suite.

Après cette digression, on aborde l'étude des forces intérieures, ce qui amène à établir l'équation de la ligne élastique.

La deuxième partie du Cours a pour premier objet la détermination des efforts tranchants et des moments fléchissants dans les diverses parties d'une charpente, poutres droites pleines, appuyées ou encastrées à une ou aux deux extrémités. Une intéressante application est celle d'un convoi mobile sur une poutre posée librement sur deux appuis (méthodes de M. Leman et de M. Ventre).

Cette partie du Cours se termine par la détermination des tensions et compressions dans les systèmes réticulaires, poutres à treillis, fermes Polonceau, fermes belges, fermes anglaises, système de demi-fermes supportant une lanterne, grues, ponts suspendus, ponts tournants, ponts-grue, piles métalliques. Ces diverses travures fournissent l'occasion d'appliquer les méthodes de Culmann, de Ritter et de Cremona. Les applications numériques sont poussées jusqu'au bout en restant, autant que possible, dans le domaine de travaux effectués en réalité ; les déformations subies par les poutres, l'effet du vent, les joints (couvre-joints et rivures) sont calculés jusqu'au bout. Deux leçons environ sont consacrées aux poutres dites continues, c'est-à-dire aux poutres posées sur plus de deux appuis.

Ici se terminait, jusqu'en 1904, le Cours de Statique graphique; il a été décidé d'y joindre à l'avenir quelques leçons sur les poutres courbes, sur la poussée des arcs et sur les voûtes.

Les épures données aux auditeurs comme exercices sont des applications immédiates des méthodes enseignées dans le Cours; elles doivent être accompagnées d'une note donnant les résultats numériques du problème proposé.

MÉCANIQUE APPLIQUÉE AUX ARTS

Chaire créée
par ordonnances des 25 novembre 1819 et 26 septembre 1839.

PROFESSEURS

1819-1839, baron P.-Ch.-F. Dupin, membre de l'Institut.

1839-1856, général de division A.-J. Morin, membre de l'Institut.

1857-1885, H.-E. Tresca, membre de l'Institut.

1886-1901, J. Hirsch, ingénieur en chef des Ponts et Chaussées.

Depuis le 17 décembre 1901, M. E. Sauvage (O. ✻), ingénieur en chef des Mines, professeur à l'École nationale supérieure des Mines.

PROGRAMME GÉNÉRAL

1re *année.* — Généralités. — Machines à vapeur.

2e *année.* — Générateurs à vapeur. — Locomotives. — Machines marines. — Moteurs à gaz et à pétrole.

3e *année.* — Moteurs animés. — Moteurs hydrauliques. — Machines élévatoires. — Air comprimé. — Machines frigorifiques. — Transmissions. — Courroies. — Engrenages. — Appareils de levage.

Le programme du Cours de Mécanique appliquée aux arts pourrait être indéfiniment étendu, en y rattachant l'étude de toutes les machines employées dans les diverses industries. Comme ce Cours doit être entièrement développé dans un cycle de trois années, il a dû être limité aux appareils fondamentaux et d'application générale, en commençant par les machines motrices, machines à vapeur, moteurs à gaz et à pétrole, moteurs hydrauliques, moteurs animés, moulins à vent. Vient, en second lieu, l'étude des machines élévatoires, de l'air comprimé, des machines frigorifiques, des transmissions et des appareils de levage.

A elle seule l'étude de l'utilisation et de la production de la vapeur occupe environ une année et demie, c'est-à-dire la moitié du nombre total de leçons.

D'une manière générale, l'enseignement est dirigé de manière à donner de tous les appareils étudiés une idée claire et précise, en insistant sur les principes du fonctionnement, les dispositions essentielles et les détails pratiques les plus intéressants. Les résultats les plus importants des études théoriques des machines sont indiqués, en évitant les développements mathématiques.

La division des matières entre les leçons, au nombre de 120 environ pour le cycle de trois années, a été faite de manière à réserver quelques leçons pour traiter au besoin une question nouvelle, ou pour donner occasionnellement des détails étendus sur un sujet d'intérêt spécial, comme par exemple, dans ces dernières années, les voitures automobiles, les turbines à vapeur.

PROGRAMME DÉTAILLÉ

PREMIÈRE ANNÉE

Généralités.

Classification des machines principales : ancienne division en moteurs, transmissions, opérateurs ; analogies de certaines machines motrices et opératrices. Machines à mesurer et à compter.

Système métrique ; abréviations adoptées par le Comité international des poids et mesures.

Unités de mesure fondamentales : mètre (m), masse du kilogramme (kg), seconde. Unités dérivées : vitesse (rapport d'une longueur parcourue à la durée du parcours) ; accélération dans le mouvement rectiligne (rapport d'une variation de vitesse à la durée de la variation) ; force (produit d'une accélération par une masse) ; pression (rapport d'une force à une surface) ; travail (produit d'une force par une longueur) ; puissance (rapport d'un travail à sa durée). Importance capitale de la notion de travail. Unité usuelle de force : poids du kilogramme (à la surface de la terre). Unités de travail : kilogrammètre (kgm) ; cheval-heure (270 000 kgm) ; kilowatt-heure (environ 367 000 kgm). Unités de puissance : cheval-vapeur (75 kgm par seconde) ; kilowatt (environ 102 kgm par seconde).

Température ; thermomètres, pyromètres.

Quantités de chaleur ; unité : calorie, chauffant 1 kg d'eau de 0° à 1°. Calorimètres Mahler, Juncker. Équivalence du travail et de la quantité de chaleur (1 calorie se transforme en 426 kgm, et inversement).

Appareils de mesure : baromètres, manomètres, pour les pressions ; indicateurs, pour le travail d'un fluide sur un piston ; dynamomètre, pour la mesure des forces, et, par suite, du travail des machines. Dynamomètres d'absorption et de transmission : frein de Prony ; frein à corde ; dynamo-dynamomètre.

Principaux organes des machines : cylindres et pistons ; transformation du mouvement rectiligne alternatif en circulaire continu par bielle et manivelle (quatre parties essentielles : piston, bielle, arbre avec manivelle, cylindre et bâti). Excentriques.

Machines à vapeur.

HISTORIQUE.

Création de la machine : Papin, Savery, Newcomen, Watt. Machine à balancier, à connexion directe.

Machines de Woolf, compound, à triple et quadruple expansion.

Condenseurs à mélange ; à surface de Hall. Échappement libre.

Coulisse de Stephenson. Distribution Corliss.

Turbines à vapeur.

Chaudières à tubes de fumée (Séguin) ; à tubes d'eau (Belleville).

ÉTUDE GÉNÉRALE DU FONCTIONNEMENT.

Propriétés de la vapeur d'eau. Vapeur saturée (la pression dépend de la température) et surchauffée.

Machine à vapeur théoriquement parfaite ; dépense de vapeur par cheval-heure.

Machine réelle, à piston ; causes de réduction du rendement : détente incomplète ; espace libre (compression de la vapeur) ; influence des parois du cylindre (enveloppes de vapeur ; effet de la surchauffe) ; laminages ; fuites ; rendement mécanique.

Machines de Woolf, compound, à triple et quadruple expansion ; effet de ces dispositions sur les diverses causes de perte de rendement ; machines à vapeurs combinées, du Trembley, Lafont, Behrend et Zimmermann.

Comparaison de la dépense réelle de vapeur et de la dépense de la machine théorique. Chaleur fournie par la chaudière, transformée en travail, envoyée au condenseur. Proportion utilisée de la chaleur fournie. Question de l'emploi de liquides à chaleur de vaporisation moindre que l'eau.

DISTRIBUTION DE LA VAPEUR.

Phases : admission, détente, échappement anticipé ; échappement, compression, admission anticipée.

Tiroir et excentrique : fonctionnement ; avance angulaire de l'excentrique ; avance linéaire du tiroir ; recouvrements extérieurs et intérieurs. Épures du mouvement du tiroir ; tableaux de distribution. Formes diverses de tiroirs : tiroir à canal ; à doubles orifices. Tiroirs équilibrés ; tiroirs cylindriques ; interversion de l'admission et de l'échappement.

Changement de marche : coulisse de Stephenson ; systèmes Gooch, Allan, Walschaerts, Marshall, Joy. Excentrique fictif. Variation ou constance des avances linéaires.

Distributions à deux tiroirs. Systèmes Meyer, Rider. Composition des excentriques. Tiroir à butées de Farcot.

Distributeurs oscillants séparés et à déclenchement : machines Corliss et systèmes dérivés ; dispositions à courtes et à longues admissions.

Distributions à soupapes. Soupapes à double siège ; amortisseurs des soupapes. Commande desmodromique ; à déclenchement. Emploi des cames ; des excentriques. Levier roulant.

Démarrage des machines ; cas des compound à deux cylindres.

Machines à mouvement rectiligne non transformé.

RÉGULARISATION ET TRANSMISSION DU MOUVEMENT.

Volants. Volant comme accumulateur de travail. Régulateurs : Watt, Porter. Action sur la pression de la vapeur ou sur la détente. Régulateurs dans le volant.

Transmission par engrenages, courroies, câbles.

Détails sur les organes principaux : cylindres, bâtis, fondations. Pistons ; garnitures de tiges ; contre-tiges ; crosses, glissières. Bielles ; rattrapage de jeu. Arbres ; paliers.

Graissage des mécanismes ; refoulement d'huile sous pression.

Graissage des pièces dans la vapeur.

PRINCIPAUX TYPES DE MACHINES.

Machines horizontales, verticales, pilon. Vitesse du piston et nombre de tours par minute. Machines lentes ; rapides ; à simple effet. Locomobiles. Machines demi-fixes.

Machines rotatives ; insuccès persistants en pratique. Capsulismes dérivés de la transmission par bielle et manivelle ; capsulismes à roues (d'après Reuleaux).

Principales conditions à examiner pour l'installation d'un moteur. Dépenses d'établissement, d'exploitation. Prix de revient du travail fourni.

Turbines à vapeur : à couronne unique (de Laval), à couronnes multiples successives (Parsons). Fontionnement à impulsion, à réaction ; admission partielle, totale ; régularisation de la vitesse. Nombres de tours par minute ; commande directe ; par engrenages. Changement de marche. Détails de construction ; graissage. Grande importance de la condensation. Puissance des unités. Applications.

CONDENSATION.

Condenseur par mélange ; pompe à air ; condenseurs centraux.

Condenseur à surface ; pompes à air et de circulation.

Condenseur-éjecteur.

DEUXIÈME ANNÉE

Générateurs de vapeur.

Combustibles; espèces diverses; pouvoirs calorifiques.

Combustion. Quantité d'air nécessaire.

Foyers des chaudières. Grilles ordinaires. Dispositions spéciales : fumivorité, chargement mécanique, décrassage automatique. Grilles renversées, verticales, à gradins, à barreaux mobiles, à translation.

Emploi des combustibles pulvérulents, liquides, gazeux.

Carneaux, cheminées, tirage naturel et forcé : échappement de vapeur, souffleurs, ventilateurs soufflants et aspirants.

Utilisation de la chaleur produite : surfaces de chauffe des chaudières; température des tôles.

Types divers de chaudières : à bouilleurs, à foyers intérieurs, à tubes de fumée, à tubes d'eau. Circulation de l'eau.

Réchauffeurs d'eau d'alimentation; surchauffeurs de vapeur. Essais de chaudières.

Appareils de niveau d'eau. Soupapes de sûreté. Accessoires divers.

Alimentation : nature de l'eau; épuration, désincrustants. Pompe alimentaire; injecteur; bouteille alimentaire.

Accidents : effets et causes principales.

Locomotives.

Généralités. Nature des services. Dispositions d'ensemble.

Chaudière : dispositions courantes ; types spéciaux; montage des tubes. Appareils de sûreté; alimentation.

Mécanisme : pistons, bielles motrices et d'accouplement. Distribution : coulisse de Stephenson; autres systèmes de changement de marche. Graissage.

Châssis et suspension ; ressorts, balanciers. Roues, bandages, essieux; bogies. Contrepoids des roues.

Locomotives compound, à deux, trois et quatre cylindres.

Locomotives à essieux indépendants ; à deux, trois, quatre essieux couplés; locomotives-tenders. Locomotives à crémaillère. Charges remorquées; vitesses.

Prix de revient de la traction.

Moyens d'arrêt. Freins à main ; continus. Frein Westinghouse.

Machines marines.

Types anciens et récents. Dispositions générales. Distributions.

Condenseurs. Accessoires.

Emploi des turbines à vapeur.

Chaudières marines, à tubes de fumée, à tubes d'eau.

Poids et encombrement des appareils moteurs.

Moteurs à gaz et à pétrole.

Principe du moteur à gaz. Composition et pouvoir calorifique du gaz d'éclairage.

Ancien moteur Lenoir. Cycle à quatre temps. Moteur Otto.

Principe du fonctionnement. Causes de réduction sur le rendement théorique.

Disposition générale des mécanismes. Distribution. Allumage. Régularisation. Circulation d'eau.

Types principaux de moteurs à quatre temps. Moteurs à double effet; à deux temps.

Moteurs à gaz pauvre. Gazogènes. Emploi du gaz de haut-fourneau. Prix de revient de la puissance motrice.

Moteurs à essence; à pétrole lampant; à huiles lourdes. Carburateurs.

Applications des moteurs. Voitures automobiles : dispositions générales; principaux organes.

TROISIÈME ANNÉE

Moteurs animés.

Considérations générales sur la puissance motrice de l'homme et des animaux.

Appareils employés : treuils, cabestans; manèges, plans inclinés; traction des voitures.

Moteurs hydrauliques.

Aménagement et utilisation des chutes d'eau. Jaugeages.

Écoulement de l'eau par des orifices, dans des conduites, dans des canaux.

Classification des moteurs hydrauliques.

Roues : à augets en dessus; à augets alimentés en arrière; de côté, à aubes radiales, inclinées, courbes; en dessous, à choc; roue Poncelet (sorte de turbine); roue pendante. Balance hydraulique.

Turbines : radiales (centrifuges, centripètes); axiales ou hélicoïdes, mixtes, composées. Division en turbines à réaction, à impulsion et intermédiaires. Turbines noyées; suspendues, à tubes d'aspiration; tournant dans l'air. Admission totale, partielle. Turbines à impulsion, pour hautes chutes : turbines Girard, roue Pelton.

Vannages; régularisation; difficultés résultant de l'emploi de longues conduites.

Moteurs à colonne d'eau ; à simple effet, à double effet. Ascenseurs. Moteurs à mouvement de rotation. Béliers hydrauliques ; injecteurs à eau.

Transmission hydraulique de la puissance motrice : accumulateurs, conduites, moteurs. Faible rendement, commodité pour les emplois intermittents.

Machines élévatoires.

Transport direct : roues à augets, norias, tympans, roues hollandaises, vis d'Archimède. Pompes à piston ; types principaux ; clapets et soupapes ; réservoirs d'air. Pompes rotatives. Pompes centrifuges.

Air comprimé.

Lois de la compression de l'air et des gaz.

Appareils à piston : machines soufflantes ; compresseurs ; machines pneumatiques.

Refroidissement de l'air : enveloppe d'eau ; compresseur hydraulique ; injection d'eau ; compresseurs étagés. Soupapes.

Moteurs à air comprimé ; chauffage de l'air.

Ventilateurs à force centrifuge.

Emploi de la puissance motrice du vent.

Machines frigorifiques.

Applications des procédés de refroidissement artificiel : fabrication de la glace ; transport et conservation des denrées alimentaires; industries diverses ; fonçages en terrains aquifères.

Anciennes machines frigorifiques à air. Machines à gaz liquéfié, ammoniac, acide carbonique. Machines à affinité, avec dissolution ammoniacale.

Transmissions, courroies, engrenages.

Transmission et distribution mécanique de la puissance motrice.

Arbres, manchons, paliers, poulies, courroies, câbles.

Engrenages plans et coniques; vis sans fin.

Applications de la transmission électrique dans les ateliers.

Appareils de levage.

Appareils portatifs : leviers, crics, vérins, moufles, palans.

Appareils fixes : grues à pivot.

Appareils mobiles : grues roulantes; grue monorail; ponts transbordeurs. Commande des appareils ; vitesse de la manœuvre.

PHYSIQUE APPLIQUÉE AUX ARTS

Chaire créée par arrêté du 9 mai 1829.

PROFESSEURS

1829-1852, C.-S.-M. Pouillet, membre de l'Institut.

1853-1890, Edm. Becquerel, membre de l'Institut.

Depuis le 21 décembre 1891, M. J. Violle (O. ✻), membre de l'Institut, maître de conférences honoraire à l'École normale supérieure.

PROGRAMME GÉNÉRAL

1re *année*. — Physique moléculaire. — Chaleur.

2e *année*. — Acoustique. — Optique.

3e *année*. — Électricité.

Ayant pour but d'amener ses auditeurs à une intelligence exacte des grandes lois naturelles et de leurs principales applications, le Professeur de « Physique appliquée aux arts » doit allier dans une juste mesure la démonstration des lois et l'exposé des applications.

Cette juste mesure est d'ailleurs essentiellement variable, puisqu'elle dépend et des conditions dans lesquelles se présentent les auditeurs et de l'état actuel des arts et métiers les intéressant, deux choses qui se modifient ou plus exactement qui progressent sans cesse.

C'est le devoir strict du Professeur de suivre les progrès continuels de nos connaissances théoriques et pratiques.

Il n'importe pas moins qu'il soit au courant des aptitudes et des désirs de ses auditeurs.

Sous l'influence de causes nombreuses et particulièrement de la diffusion de l'enseignement à tous les degrés, une évolution très intéressante s'est produite dans le public fréquentant les cours du Conservatoire national des Arts et Métiers.

Le nombre des auditeurs sérieux, assidus, des élèves, a considérablement augmenté. Pour le seul cours de Physique, cette année, on compte plus de cent auditeurs absolument fidèles, comme le témoigne leur carte de présence poinçonnée chaque soir, auditeurs religieusement attentifs, prenant des notes, dessinant les appareils, suivant et répétant les expériences, en un mot faisant tous leurs efforts pour s'assimiler l'enseignement qu'ils reçoivent.

Parmi ces auditeurs assidus figurent un grand nombre de jeunes gens de quinze à vingt ans, déjà engagés dans l'industrie, travaillant à l'usine, à l'atelier ou à la maison. Assez intelligents et déjà assez instruits pour sentir tout le prix de la science, ils apportent à l'acquérir une ardeur vraiment extraordinaire, ne reculant ni devant la distance (la plupart demeurent dans la banlieue), ni devant la fatigue (rentrés chez eux, ils prennent sur leur nuit le temps de mettre à net leurs notes). Ces ouvriers font au bout de quelques années de remarquables contremaîtres. Tous ceux qui connaissent l'industrie savent le prix et la rareté de contremaîtres intelligents et instruits. Ne s'adresserait-il qu'à cette catégorie d'auditeurs, le Conservatoire national des Arts et Métiers rendrait le plus grand service au pays, en assurant à l'ouvrier travailleur l'accès d'une position justement enviée.

N'est-ce pas aussi chose vraiment importante et remarquable que la réunion sur les mêmes bancs de ces ouvriers d'élite et des fils de patrons (1) venant chercher à la même source les connaissances qui leur seront nécessaires pour diriger à leur tour la maison paternelle? Il y a là pour tous un bénéfice d'éducation scientifique et morale sur lequel je n'ai pas à insister.

En présence de cet auditoire si intéressant, le Professeur s'élèvera sans peine à un cours de « haut enseignement », suivant la formule exacte de ses attributions officielles.

---

(1) Les pères viennent plutôt nous demander conseil au laboratoire.

Ainsi que l'a dit si justement notre très illustre maître, Pasteur, qui a su mieux que personne atteindre les plus utiles et les plus nobles applications de la science la plus pure : « Il n'y a pas de science appliquée ; il y a la science et les applications de la science ».

Nous répéterons donc à nos auditeurs : Si vous voulez comprendre les applications, étudiez les principes ; c'est en eux que vous trouverez la base solide sur laquelle vous pourrez bâtir en toute sûreté l'édifice de vos propres spéculations. Sans eux, vous êtes réduits à l'empirisme et par conséquent, vous le savez, à l'écrasement. Il n'est plus aujourd'hui heureusement, dans l'industrie, un seul refuge pour la paresseuse routine et le conservatisme ignorant.

En conséquence nous tenons pour nécessaire d'exposer la science correctement, sans arguties inutiles, mais sans atténuation des difficultés, convaincu que pour le peuple, pas plus que pour les rois, il n'est point de route spéciale en aucune sorte de connaissances.

Nous pouvons ainsi donner une idée vraie de la science, en dégageant les sommets lointains, en montrant les voies nouvelles sans dissimuler ce qu'elles peuvent présenter d'obstacles, d'incertitudes, mais aussi de séduisants espoirs.

Et, comme des hauts glaciers sortent impatients d'abord puis bientôt assagis les fleuves majestueux et fécondants, se présentent d'elles-mêmes les merveilleuses applications de la science. En les voyant ainsi jaillir, conséquences nécessaires des principes dont le sens profond ne lui avait peut-être pas immédiatement apparu, l'auditeur comprend la nécessité de l'union intime de la science et de l'industrie, union également profitable à l'industriel et au savant.

Tel est l'esprit dans lequel est fait le Cours de « Physique appliquée aux arts ». Les programmes qui retracent son développement triennal en font connaître la trame actuelle.

Faut-il ajouter que l'expérience y tient la place qui lui appartient? Les manipulations que nous avons instituées le dimanche matin à l'effet de permettre à tous ceux qui le désirent de répéter les expériences, d'effectuer les mesures les plus importantes, attestent l'importance que nous attachons à donner à nos élèves une idée exacte de la méthode expérimentale.

PROGRAMME DÉTAILLÉ

PREMIÈRE ANNÉE

PHYSIQUE MOLÉCULAIRE ET CHALEUR

Physique moléculaire.
(24 *Leçons.*)

Préliminaires. — Objet de la physique. Méthodes. — Erreurs systématiques, erreurs fortuites. — Lois physiques. — Théories physiques.

Principes fondamentaux de la mécanique. — Unités C. G. S.

Chute des corps. — Étude d'une force constante. — Appareil de Morin. — Mouvement des projectiles.

Pendule. — Application à la mesure de g. Application aux horloges. — « Mesure du temps. »

Balance. — Balance de précision. — Balances d'usage courant. — « Mesure de la masse. »

Attraction universelle.

Étendue. — Instruments de mesure. — Vernier. — Vis micrométrique. — « Mesure de la longueur. »

Propriétés générales des solides. — Structure. — Cristallisation. — Formes cristallines.

Élasticité. — Déformabilité. — Trempe. Verre trempé.

Divisibilité. — Diffusion des solides.

Frottement. — Freins dynamométriques. — Choc des corps.

Principales propriétés des liquides. — Compressibilité.

Hydrostatique. — Principe de Pascal. Conséquences.

Principe d'Archimède. Corps flottants. — Poids spécifiques. — Aréomètres.— Densimètres. — Alcoomètres.

Capillarité. — Tension superficielle. — Phénomènes capillaires. — Compte-gouttes.

Diffusion. — Osmose. — Pression osmotique.

Écoulement des liquides. — Veine liquide.

Principales propriétés des gaz.

Pesanteur de l'air. — Application du principe de Pascal aux gaz. — Baromètres. — Diverses formes de baromètre. — Variations du baromètre. — Mesure des hauteurs avec le baromètre.

Principe d'Archimède appliqué aux gaz.— Aérostats. — Ascensions scientifiques.

Loi de Mariotte. — Compressibilité aux pressions élevées.— Compressibilité aux températures très hautes ou très basses. — Manomètres.

Mélange des gaz. — Dissolution, condensation des gaz.

Machines à raréfier et à comprimer les gaz. — Machines pneumatiques. — Trompes. — Machines de compression. — Emplois de l'air comprimé.

Siphons et fontaines.

Diffusion des gaz. — Divers modes de diffusion. — Pénétration à travers les métaux.

Chaleur.

(16 *Leçons.*)

Phénomènes généraux.

Dilatation des solides ; méthodes de mesures. — Dilatation des liquides ; dilatation du mercure, de l'eau. — Dilatation des gaz. — Loi de Charles. — Formule des gaz parfaits.

Thermométrie. — Thermomètres à gaz ; thermomètre à hydrogène. — Thermomètres à liquides ; thermomètres à mercure, à alcool, à toluène, à éther de pétrole. — Thermomètres à solides ; thermomètres métalliques. — Thermomètres pour les températures très basses ou très hautes. — Pyromètres. — Repères. — Couples thermo-électriques. — Bolomètre.

Calorimétrie. — Chaleurs spécifiques des solides, des liquides. — Loi de Dulong et Petit. — Les deux chaleurs spécifiques des gaz ; leur rapport. — Bombe calorimétrique.

Principe de l'équivalence. — Mesure de l'équivalent mécanique de la chaleur.

Principe de Carnot. — Son sens exact.

Conséquences des deux principes fondamentaux de la thermodynamique.

Fusion. — Solidification. — Surfusion. — Changement de volume dans la solidification. — Propriétés de l'eau à l'état de glace. — Mélanges réfrigérants.

Vaporisation. — Ébullition. — Retard à l'ébullition. — Caléfaction.

Propriétés des vapeurs : densité ; tension. — Chaleur de vaporisation. — Vapeur d'eau. — Hygrométrie.

Liquéfaction des gaz. — Point critique. — Air liquide. — Application des basses températures.

Chaleur rayonnante. — Émission et absorption.

Chaleur solaire. — Actinométrie.

Notions de météorologie. — Climatologie. — Étude de la haute atmosphère par les ballons-sondes et les cerfs-volants.

Chauffage et ventilation. — Étude et comparaison des différents procédés de chauffage et de ventilation.

DEUXIÈME ANNÉE

ACOUSTIQUE ET OPTIQUE

Acoustique.

(15 *Leçons.*)

Nature et caractères du son. — Intensité. — Hauteur. — Timbre. — Périodicité. — Mesure de la hauteur. — Méthode graphique. — Diapason chronographique.

Intervalles musicaux. — Gamme. — Diapason normal.

Propagation du son. — Ondes liquides. — Ondes sonores. — Vitesse du son dans l'air. — Différentes méthodes de mesure. — Résultats des expériences les plus récentes. — Vitesse du son dans les liquides. — Vitesse dans les solides. — Relation fondamentale entre la longueur d'onde, la période et la vitesse du son.

Réflexion du son. — Réfraction.

Interférences du son. — Expériences diverses établissant l'interférence. — Interférence des ondes directes et réfléchies.

Tuyaux sonores. — Lois de Bernoulli. — Cyclones de Lootens. — Tuyaux employés en musique. — Instruments à vent. — Loi des tuyaux semblables. — Expériences sur la vitesse du son dans les gaz au moyen des tuyaux.

Cordes vibrantes. — Lois. — Expériences de Melde. — Instruments à corde.

Verges vibrantes. — Vibrations longitudinales. — Vibrations transversales. — Instruments à verges. — Diapason.

Membranes et plaques. — Membranes carrées, circulaires. — Plaques. — Expériences de Chladni. — Applications à l'étude de l'élasticité, à la musique, au téléphone, à l'audiphone. — Timbres et cloches.

Composition des mouvements vibratoires :

1° Mouvements vibratoires parallèles. — Battements. — Sons résultants. — Sons de variation. — Superposition de mouvements pendulaires harmoniques.

2° Mouvements rectangulaires. — Caléidophone. — Expériences de Lissajous.— Expérience de Foucault. — Méthode stroboscopique.

3° Un mouvement vibratoire et une translation. — Loi de Döppler. — Expériences diverses.

Résonnance. — Caisses d'harmonie. — Résonnateur. — Oreille.

Intensité. — Essais de mesure.

Timbre. — Analyse des sons musicaux. — Synthèse. — Étude des voyelles. — Phonographe. — Mécanisme de l'audition. — Consonnances.

Optique.

(25 *Leçons.*)

Optique géométrique. — Propagation rectiligne. — Ombres. — Chambre obscure.

Réflexion de la lumière.

Miroirs plans. — Usages ; effets magiques. — Mesure

des angles. — Sextant. — Goniomètres. — Héliostats. — Miroirs parallèles. — Miroirs inclinés. — Caléidoscope. — Illusions.

Miroirs sphériques. — Formule. — Vérifications expérimentales. — Mesure de la distance focale. — Aberrations. — Caustiques.

Miroirs paraboliques. — Procédé de Foucault.

Miroirs cylindriques et coniques. — Anamorphoses.

Réfraction. — Réflexion totale. — Fontaines lumineuses.

Réfraction à travers une surface plane. — Pas d'image proprement dite. — Caustique. — Réfraction à travers une lame à faces parallèles, à travers plusieurs lames. — Réfraction atmosphérique.

Prisme. — Déviation minimum. — Foyer du prisme.

Lentilles. — Lentilles infiniment minces : étude complète. — Lentilles épaisses. — Détermination expérimentale des éléments caractéristiques d'un système optique. — Aberrations. — Lentilles à échelons.

Propriétés générales d'un faisceau lumineux. — Théorème de Malus.

Lentilles cylindriques.

Dispersion. — Décomposition et recomposition de la lumière blanche.

Spectroscope. — Spectroscopes à plusieurs prismes. — Spectroscopes à vision directe. — Échelles spectroscopiques.

Étude des différentes sources de lumière. — Cartes du spectre solaire. — Tableau des principales raies. — Résultats de l'analyse spectrale relativement à la constitution des astres, ainsi qu'à leur mouvement.

Indices de réfraction. — Procédés de mesure. — Résultats.

Achromatisme des prismes, des lentilles.

Étude des couleurs. — Couleurs fondamentales. — Composition des couleurs. — Triangle de Maxwell.

Instruments d'optique.

Œil. — Théorie physique de la vision. — *Punctum cœcum ; fovea centralis.* — Accommodation. — Défauts optiques de la vision ; leur correction. — Persistance des impressions lumineuses. — Cinématographe. — Vision binoculaire. — Stéréoscope.

Loupe. — Puissance. — Loupes composées. — Oculaires composés.

Microscope. — Principe. — Détails de construction. — Mesure de la puissance. — Chambre claire. — Limite théorique au pouvoir séparateur. — Moyens d'aller au delà. — Photographie microscopique.

Lunette astronomique. — Principe. — Détails de construction. — Objectif. — Oculaires, oculaire terrestre. — Instruments pour la photographie.

Lunette de Galilée. — Jumelles.

Télescopes. — Leurs usages.

Appareils de projection. — Microscope solaire. — Ophtalmoscope.

Photographie. — Appareils employés en photographie. — Chambre noire. — Objectifs. — Qualités à rechercher dans un objectif suivant l'usage auquel on le destine. — Mesure des caractéristiques d'un objectif.

Procédés généraux de la photographie. — Ses récents progrès. — Photographie instantanée de la salle de cours.

Optique physique. — Ondes lumineuses. — Vitesse de la lumière.

Interférences. — Anneaux des lames minces. — Dilatomètre.

Diffraction. — Réseaux. — Boutons de Barton.

Double réfraction. — Prismes biréfringents. — Micromètres à double image.

Polarisation rectiligne. — Polariseurs et analyseurs. — Polarisation de l'atmosphère.

Polarisation chromatique. — Anneaux du spath. — Courbes des cristaux à deux axes. — Colorations par double réfraction accidentelle.

Polarisation rotatoire. — Polarimètres. — Saccharimètres.

Météorologie optique. — Arc-en-ciel. — Halos. — Couronnes. — Spectre du Brocken.

Phosphorescence. — Fluorescence.

Photométrie. — Étalons de lumière; unité absolue. — Photomètres. — Photométrie hétérochrome. — Degré d'exactitude des différents procédés photométriques. — Résultats des mesures. — Comparaison des différentes sources de lumière.

TROISIÈME ANNÉE

Électricité et Magnétisme.

Électrostatique. — Phénomènes fondamentaux. — Électrophore. — Machines à frottement.

Lois de Coulomb. — Masses électriques. — Unité d'électricité.

Distribution de l'électricité sur les conducteurs. — Cage de Faraday. — Pression électrostatique. — Pouvoir des pointes.

Influence. — Théorème de Faraday. — Conservation de l'électricité. — Couches de glissement.

Lignes de force. — Flux. — Théorème de Gauss ; ses conséquences.

Potentiel électrique. — Travail électrique. — Surfaces de niveaux. — Valeur du potentiel.

Capacité électrique. — Énergie électrique, — Condensateurs. — Bouteille de Leyde. — Jarres. — Décharge brusque ou lente. — Batterie en surface, en cascade. — Effets de la décharge. — Effluves.

Diélectrique. — Constante diélectrique. — Polarisation des diélectriques. — Rôles de diélectriques.

Appareils de mesures électrostatiques. — Électroscopes. — Électromètre à quadrants. — Électromètre absolu. — Électromètres à décharges.

Machines à influence. — Machine de Holtz. — Machine de Wimshurst. — Machine de Voss. — Comparaison des différentes machines.

Pile de Volta. — Principe de Volta. — Diverses formes de piles

Piles thermo-électriques. — Lois fondamentales de la thermo-électricité. — Diagrammes thermo-électriques. — Couples thermo-électriques ; leur emploi en thermométrie.

Lois du courant électrique. — Lois d'Ohm. — Loi de Joule. — Résistance. — Force électromotrice. — Phénomène de Peltier. — Effet Thomson. — Lampe à incandescence.

Courants dérivés. — Loi de Kirchhoff. — Divers arrangements des piles.

Électrolyse. — Phénomènes fondamentaux. — Loi de Faraday. — Théorie des ions. — Valeur pratique du coulomb et de l'ampère. — Conservation de l'énergie dans l'électrolyse. — Chaleur chimique, chaleur voltaïque.

Galvanoplastie. — Argenture, dorure électriques. — Cuivrage, nickelage. — Affinage du cuivre. — Électrolyse des chlorures alcalins. — Anneaux de Nobili. — Figures de Guébhard.

Polarisation des électrodes. — Piles à courant constant. — Accumulateurs. — Diverses sortes d'accumulateurs : Planté, Faure, Edison. — Phénomènes électrocapillaires. — Électromètre Lippmann.

Magnétisme. — Phénomènes généraux. — Spectres magnétiques. — Écrans magnétiques.

Distribution du magnétisme dans les aimants. — Filet solénoïdal. — Feuillet magnétique. — Aimant uniforme : intensité d'aimantation, induction.

Aimantation par influence. — Susceptibilité et perméabilité magnétiques. — Courbes d'aimantation. — Cycles. — Hystérésis. — État neutre. — Étude de différentes substances magnétiques. — Influence de la température. — Aciers au nickel.

Aimants permanents. — Influence de la force démagnétisante. — Moyens d'obtenir les meilleurs aimants permanents. — Force portative. — Aimantation par la terre.

Magnétisme terrestre. — Boussoles. — Magnétomètre. — Résultats des mesures du magnétisme terrestre.

Électromagnétisme. — Expérience d'Œrstedt. — Champ d'un courant. — Action des courants sur les courants. — Lois d'Ampère. — Équivalence d'un courant fermé et d'un feuillet. — Théorie du magnétisme d'Ampère.

Électro-aimants. — Force magnéto-motrice. — Réluctance. — Construction et usage des électro-aimants.

Télégraphie électrique. — Téléphone. — Phonographe magnétique.

Induction. — Lois fondamentales. — Cas particuliers importants. — Courants de Foucault. — Balance d'induction.

Courants alternatifs. — Intensité moyenne, intensité efficace. — Puissance moyenne. — Expériences d'Elihu Thomson.

Oscillations électriques. — Phénomènes de résonnance. — Expériences de Hertz. — Expériences de Lodge. — Ondes hertziennes. — Théorie de Maxwell. — Télégraphie sans fil.

Unités électriques. — Système électrostatique. — Système électromagnétique. — Unités pratiques.

Détermination de l'ohm. — Valeur de v.

Appareils de mesures. — Galvanomètres à aiguilles mobiles, à cadre mobile.— Électrodynamomètres ; électrodynamomètres-balances. — Ampèremètres, voltmètres, wattmètres. — Appareils thermiques. — Galvanomètre optique.

Mesure d'une intensité. — Mesure d'une résistance ; précision de cette mesure. — Mesure d'une différence de potentiel. — Mesure d'une capacité. — Mesure d'une self-induction. — Mesures magnétiques.

Machines à courant continu. — Réversibilité. — Comparaison des différents modèles.

Alternateurs. — Moteurs alternatifs, synchrones ou asynchrones. — Moteurs à champ tournant.

Transformateurs. — Bobines de Ruhmkorff. — Étincelles et décharges électriques. — Expériences de Tesla. — Propriétés des courants à haute tension et fréquence rapide.

Arc voltaïque. — Éclairage par l'arc. — Four électrique.

Rayons cathodiques. — Rayons X ; radiographie. — Phénomènes de radioactivité.

Électricité atmosphérique. — Orages. — Décharges oscillantes. — Paratonnerres.

ÉLECTRICITÉ INDUSTRIELLE

Chaire créée par décret du 15 juillet 1890.

PROFESSEUR

Depuis le 15 novembre 1890, M. Marcel DEPREZ (O. ✻, ✪ I.), membre de l'Institut.

PROGRAMME GÉNÉRAL

1re *année.* — Étude des lois de l'électricité au point de vue spécial de leur application à l'industrie.

2e *année.* — Théorie, calcul et applications des machines dynamo-électriques à courant continu et à courant alternatif.

PROGRAMME DÉTAILLÉ

PREMIÈRE ANNÉE

Exposé du programme du cours. — Généralité sur l'électricité statique.

Unités absolues : leurs diverses applications. — Principe de la conservation de l'énergie. Lois de Coulomb. — Définition d'une quantité d'électricité.

Mesure d'une quantité d'électricité à l'aide de la balance de torsion.

Du Potentiel. Définition. Théorèmes généraux.

Surfaces équipotentielles. — Lignes de force. — Flux de force. Théorème de Green : ses applications.

Propriétés générales des corps électrisés.

Du travail électrique. Équation de l'équilibre électrique entre deux corps électrisés. Mesure du potentiel et de la charge d'un conducteur.

Du pouvoir des pointes.

Induction électro-statique. — Des condensateurs à lame d'air. — Des condensateurs à lame diélectrique. Applications diverses des condensateurs. Théorie des machines électro-statiques à influence.

D[illegible] électromètres absolus : Thomson, Abraham Lemo[illegible], Blondlot, etc. Leur théorie.

Des électromètres industriels. — Du Magnétisme. Généralités. Propriétés fondamentales des aimants.

Des Aimants. — Du moment magnétique. Sa mesure. — Méthode de Gauss.

Intensité d'aimantation. — Influence de la température.

Potentiel et lignes de force magnétiques.

Lois de l'induction magnétique.

Équations du circuit magnétique. — Travail nécessaire pour aimanter un barreau de fer doux. — Hysteris. Son expression théorique. Sa mesure expérimentale.

Électro-cinétique. Généralités.

Lois d'Ohm. — Résistance des solides, des liquides et des gaz au passage du courant électrique. — Force électro-motrice.

Résistance d'une série de conducteurs groupés en tension ou en dérivation. — Expérience de Poggendorff. — Lois de Kirchhoff. — Pont de Wheatstone, son application à la mesure des résistances.

Applications diverses des lois d'Ohm.

Application des lois d'Ohm à la solution de plusieurs problèmes d'électrométrie. — Comparaison des potentiels, des intensités, des résistances.

Travail du courant électrique. — Lois de Joule.

Travail d'un courant électrique dans un conducteur inerte et dans un conducteur doué de force électro-motrice. — Applications à divers problèmes.

Lois de la transmission de l'énergie sous forme de chaleur.

Transmission de l'énergie à distance dans le cas où la station réceptrice comporte une force électro-motrice inverse.

Transmission de l'énergie électrique sous toutes ses formes. Équations fondamentales.

De l'Électrolyse. Ses lois. — Lois de Faraday. Polarisation voltaïque. Application des lois de l'électrolyse à la transmission de l'énergie.

Polarisation voltaïque. — Théorie des piles.

Électro-magnétisme. Action exercée par les courants sur les aimants. — Loi de Biot et de Savart. — Formule de Laplace.

Calcul du champ magnétique développé par des courants de diverses formes. — Applications au calcul des galvanomètres de divers systèmes.

Calcul de l'aimantation produite par un solénoïde dans lequel est placé un noyau de fer doux. Flux total de force magnétique développé. — Application à des circuits magnétiques complexes.

Problèmes divers sur les champs magnétiques développés par les courants. — Instruments de mesure électro-magnétique.

Action exercée par des aimants fixes ou des champs magnétiques sur des courants mobiles. — Définition de l'Unité de Courant et de l'Ampère. — Définition des Unités électro-magnétiques pratiques. — Étalons pratiques adoptés.

Théorèmes et problèmes relatifs au travail développé par le mouvement d'un courant dans un champ magnétique. Théorèmes du flux de force coupé et du flux de force embrassé. — Lois d'Ampère. — Leurs applications. Emploi des feuillets magnétiques pour calculer les actions mutuelles de deux circuits solénoïdaux.

DEUXIÈME ANNÉE

Définition et lois générales de l'induction électro-magnétique. Détermination théorique de la force électro-motrice d'induction.

Théorème du flux de force coupé.

Théorème du flux de force embrassé. — Applications des théorèmes montrés précédemment. — Induction électro-dynamique.

Induction mutuelle due au déplacement relatif de deux circuits parcourus par des courants. — Loi de Neumann et de Félici. — Induction sans déplacement relatif.

Détermination des coefficients d'induction mutuelle.

Self-induction. — Sa définition. — Son expansion théorique. — Mesure expérimentale des coefficients d'induction mutuelle et du coefficient de self-induction. Mesure expérimentale du coefficient de self-induction extra-courant. — État variable du courant. — Énergie intrinsèque d'un courant. — Énergie mise en jeu dans les courants induits.

Influence de la présence du fer dans les bobines traversées par des courants variables. — Mesure des flux de force magnétique. Appareils d'induction divers.

Machines à courant continu. — Principes généraux. — Historique. Machine à anneau.

Calcul de la force électro-motrice développée dans l'anneau d'une dynamo.

Rôle du fer dans l'anneau Pacinotti. — Calcul de la

force électro-motrice développée dans un induit à anneau de fer.

Étude des phénomènes accessoires (hystérésis, self-induction, etc.) qui se développent dans l'induit des dynamos. Du calage des balais, son influence sur la production des étincelles. — Moyens de faire disparaître celles-ci.

Calcul détaillé des dimensions de l'induit d'une machine à courant continu devant satisfaire à des conditions données.

Calcul détaillé des inducteurs d'une machine à courant continu.

Des différents modes d'excitation des dynamos. — Caractéristique.

De la caractéristique des dynamos excités en série.

Caractéristique des dynamos excités en dérivation.

Du double enroulement appliqué à l'excitation des dynamos dans le but d'obtenir une différence constante de potentiel aux bornes. Autres solutions.

Étude des divers types de dynamos en usage dans l'industrie.

Des induits enroulés suivant des polygones étoilés. — Des moteurs électriques à champ magnétique constant, ou excités en dérivation.

Régulation de la vitesse des moteurs électriques. — Calcul de leurs dimensions.

Calcul et résultats d'expériences relatifs à quelques types de moteurs électriques. Renseignements pratiques. Transmission électrique de la force. Lois générales. Exemple numérique.

Exemple de calcul de transmission de force. — Résultats d'expériences.

Discussion d'un projet de transmission de force à grande distance. — Des courants alternatifs. — Relation entre la force électro-motrice et l'intensité du courant. — Équations fondamentales. Décalage.

Définition et valeur théorique des éléments principaux des courants alternatifs.— Potentiel moyen. Potentiel efficace. — Intensité moyenne. Intensité efficace. — Travail, etc.

De la mesure expérimentale des éléments principaux des courants alternatifs. — Mesure de l'intensité efficace et de la différence de potentiel efficace. — Mesure du travail des courants alternatifs.

Calcul des dimensions d'un alternateur devant satisfaire à des conditions données.

Description des différents types d'alternateurs employés dans l'Industrie. — Résultats d'expériences.

Des moteurs à courants alternatifs. — Champ magnétique tournant. — Générateurs et moteurs à courants diphasés et triphasés. — Description des différents types employés d'une façon usuelle.

Résultats d'expériences.. — Des courants de haute fréquence.

Éclairage électrique. — Canalisation électrique.

MÉTALLURGIE ET TRAVAIL DES MÉTAUX

Chaire créée par décret du 15 juillet 1890.

PROFESSEUR

Depuis le 15 novembre 1890, M. U. Le Verrier (✻), ingénieur en chef des Mines, professeur à l'École nationale supérieure des Mines.

PROGRAMME GÉNÉRAL

1re *année.* — Gisements et procédés d'extraction des métaux.

2e *année.* — Propriétés pratiques et emplois industriels des métaux. — Procédés d'affinage. — Alliages métalliques.

3e *année.* — Travail des métaux.

En raison de la composition de l'auditoire, qui comprend des éléments variés et des personnes capables de s'intéresser très inégalement aux diverses parties du Cours, on n'a pas voulu suivre l'ordre usuel qui aurait conduit à prendre successivement chaque métal et à parler trop longtemps de suite d'un seul métal ou d'un seul groupe de métaux.

On a cherché à diviser le Cours en trois années dont chacune pût former un ensemble se suffisant à lui-même et où tous les métaux trouvent leur place.

C'est pourquoi on étudie successivement tous les métaux à trois points de vue différents suivant l'année, savoir : dans la première année, l'extraction des métaux ; dans la deuxième, leurs propriétés et toutes les questions scientifiques ou industrielles qui se rattachent soit à l'étude et à la mesure de ces propriétés, soit aux moyens de les modifier ; dans la troisième, les procédés d'élaboration.

Les auditeurs qui en font la demande peuvent s'exercer au laboratoire à l'analyse des minerais et des métaux, ainsi qu'aux divers essais ou manipulations en usage dans les laboratoires d'usines. Des conférences pratiques leur sont faites sur ces sujets.

PROGRAMME DÉTAILLÉ

PREMIÈRE ANNÉE

Gisements et procédés d'extraction des métaux.

I. — *Gisements métalliques.*

Notions sommaires de géologie. Formation des gisements métalliques.

Types principaux de gisements, en couches, en amas, en filons, etc. — Répartition des gisements des différents métaux usuels.

Préparation mécanique des minerais complexes.

II. — *Production industrielle de la chaleur.*

Combustibles végétaux, bois, charbon de bois, tourbe.

Combustibles minéraux, houilles, anthracites. — Fabrication du coke et des agglomérés. — Pétrole et combustibles liquides.

Étude générale des fours métallurgiques. Fours à réverbère, fours à cuve, etc. — Fours à gaz.

Fabrication des matériaux réfractaires.

III. — *Production des métaux bruts* [1].

Fonte de fer. — Construction et conduite des hauts-fourneaux. — Fabrication des différentes variétés de fonte.

Cuivre. — Fonte pour mattes. — Affinage des mattes. — Procédés par voie humide. — Nickel.

Plomb. — Zinc. — Antimoine. — Étain.

Mercure. — Argent et or.

Aluminium et métaux alcalins.

Statistique métallurgique. — Développement et situation de l'industrie dans les différents pays.

---

[1] Après la description des procédés d'extraction de chaque métal, on étudie les conditions économiques et les prix de revient dans les principaux districts producteurs.

DEUXIÈME ANNÉE

Propriétés pratiques et emplois industriels des métaux. Procédés d'affinage. Alliages métalliques.

I. — *Généralités et moyens d'étude.*

Propriétés mécaniques. — Essais à la traction, à la flexion, au choc, etc. Machines d'essai.

Propriétés physiques. — Action de la chaleur. — Mesure des hautes températures.

Étude de la structure. — Micrographie des métaux.

Propriétés chimiques.

II. — *Procédés d'affinage : propriétés et emplois des métaux usuels.*

Cuivre, plomb, zinc, étain, antimoine [1].

Affinage de la fonte : puddlage, procédés Martin et Bessemer. — Fabrication et emplois des aciers de diverses nuances. Trempe et cémentation. — Influence du travail sur les propriétés de l'acier.

Fonte malléable. — Nickel.

Désargentation du plomb. — Affinage des alliages d'or et d'argent.

Affinage électrolytique du cuivre, du plomb, etc.

Platine et métaux alliés. Aluminium.

---

[1] Pour chaque métal, après l'étude des procédés d'affinage, on indique les propriétés du métal plus ou moins pur, et ses emplois dans l'industrie.

III. — *Alliages. — Fabrication et emplois industriels.*

Généralités : procédés d'étude et de classification des alliages.

Alliages du cuivre ; bronzes, laitons, etc.

Alliages blancs malléables ; alliages blancs fusibles ; métaux d'antifriction.

Aciers spéciaux (au nickel, au chrome, etc.).

Alliages des métaux précieux. Amalgames.

TROISIÈME ANNÉE

Travail des métaux.

I. — *Procédés de moulage.*

Fusion des métaux, au cubilot, au four à réverbère, au creuset.

Propriétés des fontes de moulage.

Moulage en sable et en terre; fabrication des moules au modèle ou au gabarit.

Moulage en coquille. — Moulage au renversé.

Procédés spéciaux : plaques et tuyaux de plomb ou d'étain. — Moulages d'art : fonte à cire perdue.

II. — *Procédés de forgeage.*

Martelage. — Marteaux et presses. Forgeage de l'acier. — Soudure du fer. — Forgeage en matrice. — Procédés de trempe.

Laminage. — Fabrication des tôles. — Laminage en cannelure, rails, poutrelles, etc.

Laminoir universel ; laminages spéciaux, cannelures mobiles, bandages, tubes, etc.

Travail par roulement, laminage des vis, fabrication des billes, procédé Mannesmann.

Étirage à la filière. — Travail par écoulement, tuyaux de plomb.

Emboutissage. — Repoussage au tour et au marteau. — Estampage. — Chaudronnerie.

Travaux d'orfèvrerie. — Procédés de soudure et de brasure.

III. — *Travail à l'outil.*

Principes généraux. — Tours, raboteuses, foreuses, etc.

Travail à la fraise et à la meule.

Sciage, découpage, poinçonnage.

IV. — *Revêtement et décoration des métaux.*

Zingage, étamage, dorure. Procédés galvanoplastiques.

Nickelage, damasquinage, émaillage. Polissage, nettoyage au sable.

CHIMIE GÉNÉRALE

DANS SES RAPPORTS AVEC L'INDUSTRIE

Chaire créée par ordonnance du 25 novembre 1819.

PROFESSEURS

1819-1841, N. CLÉMENT-DESORMES, physicien et chimiste.

1842-1889, E. PELIGOT, membre de l'Institut.

Depuis le 27 février 1890, M. E. JUNGFLEISCH (✱), membre de l'Académie de médecine, professeur à l'École supérieure de pharmacie.

PROGRAMME GÉNÉRAL

1re *année*. — Métalloïdes.
2e *année*. — Métaux.
3e *année*. — Chimie organique.

PROGRAMME DÉTAILLÉ

PREMIÈRE ANNÉE

Métalloïdes.

Phénomènes physiques et phénomènes chimiques.

Corps simples et corps composés.

Analyse et synthèse.

Conservation de la matière et de l'énergie.

Lois numériques de la chimie.

Atome et molécule. Poids atomiques et poids moléculaires. Réactions chimiques. Combinaisons et décompositions. Dissociation.

Cristallisation. — Isomorphisme. Polymorphisme.

Nomenclatures. Notations.

Classification des métalloïdes.

Oxygène. Combustion. Respiration. — Ozone.

Azote.

Argon. Hélium.

Air atmosphérique. Poussières de l'atmosphère. — Air liquide. Applications.

Hydrogène.

Eau. Eaux naturelles. — Eau oxygénée. Blanchiment.

Protoxyde d'azote. — Bioxyde d'azote. — Acide azoteux. — Hypoazotide. — Acide azotique. Nitrification.

Ammoniaque.

Soufre. — Anhydride sulfureux. Acide sulfureux. — Anhydride sulfurique. Acide sulfurique. — Sulfates. Acidimétrie. — Acide pyrosulfurique. — Acide hydrosulfureux. — Acide hyposulfureux. Hyposulfites. — Série thionique. — Hydrogène sulfuré.

Sélénium. Tellure.

Chlore. Chlorures. — Acide hypochloreux. Hypochlorites. — Acide chlorique. Chlorates. — Acide perchlorique. — Acide chlorhydrique. — Eau régale.

Brome. — Acides oxygénés du brome. — Acide bromhydrique.

Iode. — Composés oxygénés de l'iode. — Chlorures d'iode. Bromure d'iode.

Fluor. — Acide fluorhydrique. Gravure sur verre.

Carbone. Charbons divers, naturels et artificiels. — Oxyde de carbone. Combustibles à oxyde de carbone. — Gaz carbonique. Acide carbonique. — Sulfure de carbone.

Silicium. — Silice. Silicates. — Fluorure de silicium. Acide hydrofluosilicique.

Phosphore. — Acides oxygénés du phosphore. — Anhydride phosphorique. Acide phosphorique. Phosphates. — Acide pyrophosphorique. Phosphates. — Acide métaphosphorique. — Phosphures d'hydrogène.

Arsenic. — Composés oxygénés de l'arsenic. — Acide arsénieux. Arsénites. — Acide arsénique. — Sulfures d'arsenic. — Hydrogène arsénié. Recherche de l'arsenic.

Bore. — Acide borique. Borates.

DEUXIÈME ANNÉE

Métaux.

Métaux. Leurs propriétés physiques et chimiques.

Classifications des métaux.

Alliages.

Oxydes métalliques. — Sulfures métalliques. — Chlorures métalliques.

Sels métalliques. — Solutions salines. — Cristallisation des sels. — Eau de cristallisation.

Lois de Berthollet. — Thermochimie.

Potassium. — Potasse. — Sulfures de potassium. — Chlorure, bromure et iodure de potassium. — Cyanure de potassium. — Azotate de potassium. Poudre noire. — Chlorate de potassium. — Carbonates de potassium. Alcalimétrie. — Sulfates de potassium. — Caractères des sels de potassium. — Dosage du potassium.

Sodium. — Soude. — Bioxyde de sodium. — Sulfures de sodium. — Chlorure, bromure et iodure de sodium. — Salines. — Azotate de sodium. — Hypochlorite de sodium. Blanchiment. — Chlorate de sodium. — Hyposulfite de sodium. — Sulfites et sulfates de sodium. — Carbonates de sodium. Sel de soude. — Borates de sodium. — Phosphates de sodium. — Silicates de sodium. — Caractères des sels de sodium. — Dosage du sodium.

Cœsium et Rubidium.

Lithium. — Lithine. — Sels de lithium.

Sels ammoniacaux. Ammonium. — Chlorure d'ammonium. — Bromure, iodure et fluorure d'ammonium. — Sulfures d'ammonium. — Sulfate d'ammonium. — Azotate, carbonates et phosphates d'ammonium. — Caractères des sels ammoniacaux. — Dosage de l'ammoniaque.

Baryum. — Baryte. — Bioxyde de baryum. — Sulfures de baryum. — Chlorure de baryum. — Azotate de baryum. — Sulfate de baryum. — Caractères des sels de baryum. — Dosage du baryum.

Strontium. — Strontiane. — Chlorure, azotate et chlorate de strontium. — Caractères des sels de strontium.

Calcium. — Chaux. Ciments et mortiers. — Sulfures de calcium. — Chlorure de calcium. — Fluorure de calcium. — Sulfate de calcium. Plâtre. — Carbonate de calcium. Dissociation. — Phosphates de calcium. Superphosphates. — Hypochlorite de calcium. Chlorure de chaux. Chlorométrie. — Silicate de calcium. Verres. — Caractères des sels de calcium. — Dosage du calcium.

Aluminium. Aluminothermie. — Alumine. Laques. — Chlorure d'aluminium. — Sulfate d'aluminium. Aluns. — Silicate d'aluminium. Argiles. Poteries. Porcelaine. — Caractères des sels d'aluminium. — Dosage de l'aluminium.

Magnésium. — Magnésie. — Chlorure de magnésium. — Sulfates et phosphates de magnésium. — Carbonates de magnésium. — Caractères des sels de magnésium.

Zinc. Alliages de zinc. — Oxyde de zinc. — Chlorure

de zinc. — Sulfate et chromate de zinc. — Caractères des sels de zinc.

Manganèse. — Oxydes de manganèse. Régénération du bioxyde de manganèse. — Manganates et permanganates. — Chlorure, sulfate et carbonate de manganèse. — Caractères des sels de manganèse.

Fer. — Alliages de fer. — Fer, fonte et acier. — Oxydes de fer. Sels ferreux et sels ferriques. — Sulfures de fer. — Chlorures de fer. — Carbonate de fer. — Sulfates de fer. — Ferrocyanures et ferricyanures. — Caractères des sels ferreux et des sels ferriques. — Dosage du fer.

Chrome. — Oxydes de chrome. — Chromates. — Sels de chrome divers — Caractères des sels de chrome.

Nickel. Nickelage. Alliages de nickel. — Oxydes de nickel. — Nickelcarbonyle. — Chlorure et sulfate de nickel. — Caractères des sels de nickel.

Cobalt. — Oxydes de cobalt. — Caractères des sels de cobalt.

Bismuth. — Azotates de bismuth. — Caractères des sels de bismuth.

Antimoine. — Oxydes d'antimoine. — Sulfures d'antimoine. — Chlorures d'antimoine. — Caractères des sels d'antimoine.

Étain. Alliages d'étain. — Oxydes et sulfures d'étain. — Stannates. — Chlorures d'étain. — Caractères des sels d'étain.

Plomb. Alliages de plomb. — Oxydes et sulfures de plomb. — Sulfate de plomb. — Chromate de plomb.

— Carbonate de plomb. Céruse. — Caractères des sels de plomb.

Cuivre. Alliages de cuivre. — Oxydes et sulfures de cuivre. — Sels cuivriques et sels cuivreux. — Chlorures et iodures de cuivre. — Sulfate de cuivre — Carbonates de cuivre. — Arséniate de cuivre. Vert de Scheele. Vert de Schweinfurth. — Caractères des sels de cuivre. — Dosage du cuivre.

Mercure. Amalgames. — Oxyde de mercure. Sulfures de mercure. — Chlorures, bromure et iodure de mercure. — Azotates et sulfates de mercure. — Caractères des sels de mercure.

Argent. Alliages d'argent. Argenture. — Oxydes d'argent. — Chlorure, iodure et bromure d'argent. Cyanure d'argent. — Azotate d'argent. — Caractères des sels d'argent. — Essai des alliages d'argent.

Or. Alliages d'or. Dorure. — Chlorures d'or. — Cyanure d'or. — Caractères des sels d'or. — Essai des alliages d'or.

Platine. Mousse et noir de platine. — Chlorures de platine. — Bases platoso-ammoniacales et platino-ammoniacales. — Platinocyanures. — Caractères des sels de platine. — Métaux de la mine de platine.

TROISIÈME ANNÉE

Chimie organique.

Composés formés par le carbone. — Analyse immédiate. Analyse élémentaire. — Établissement des formules.

Classification des composés organiques.

Carbures d'hydrogène. — Acétylène et ses dérivés. — Éthylène et ses dérivés. — Méthane et ses dérivés. — Carbures saturés d'hydrogène. — Pétroles d'Amérique. Paraffine. Vaseline. — Carbures non saturés d'hydrogène. — Pétroles du Caucase et de Galicie. Ozokérite. — Gaz de l'éclairage. Goudron de houille. — Benzine et ses dérivés. — Toluène et ses dérivés. — Xylènes. Cumènes. Durols. Cymènes. — Naphtaline et ses dérivés. — Anthracène et ses dérivés. — Essence de térébenthine et carbures camphéniques. — Caoutchouc. Gutta-percha.

Alcools en général. — Alcool éthylique. Alcools d'industrie. — Alcoométrie. — Éthérification. Éthers-sels. Éthers-oxydes. — Saponification des éthers-sels. — Éthers divers de l'alcool éthylique. — Oxyde d'éthyle. — Alcool méthylique et ses dérivés. — Alcools propyliques, butyliques et amyliques. — Alcool éthalique et ses dérivés. — Alcools des cires. Cires. — Alcool allylique et ses dérivés. — Alcool benzylique et ses dérivés. Alcools polyatomiques. — Glycol éthylénique et ses dérivés. — Glycérine et ses dérivés. — Corps gras. — Huiles siccatives. — Érythrite. Arabite. Mannite. Dulcite.

Phénols en général. — Phénol ordinaire et ses dérivés. — Crésylols. — Thymol. — Naphtols. — Pyrocatéchine. Gaïacol. Créosote de bois. — Résorcine. Phtaléine de la résorcine. Fluorescéine. — Hydroquinone. — Orcine. Orcéine. Tournesol. — Pyrogallol. — Phloroglucine.

Aldéhydes en général. — Aldéhyde formique et ses dérivés. — Aldéhyde acétique et ses dérivés. — Aldéhyde benzoïque.

Acétones en général. — Acétone ordinaire. Acétones divers.

Anthraquinone. — Camphre. Celluloïd. — Quinones.

Aldéhydes-alcools. — Aldéhyde et acétone glycérique. — Pentoses. Arabinoses. Xylose. Méthylpentoses. — Hexoses. Glucose. Lévulose. Mannose. Galactose. — Saccharoses. Sucre de canne. Maltose. Lactose. Isomaltose. — Polysaccharides. Arabine. Pentosanes diverses. Glycogène. Dextrines. Amidon. Cellulose. — Glucosides.

Aldéhydes-phénols. — Vanilline. — Alizarine. — Purpurine.

Acides en général. — Acide formique. — Acide acétique. — Acides gras en général. — Acide butyrique. Acide palmitique. Acide stéarique. Acide cérotique. — Acide oléique. Acide linolique. Acide linolénique. — Savons.

Acide benzoïque et ses homologues. — Acide cinnamique.

Acides bibasiques. Acide oxalique. Acides phtaliques. Phtaléines.

Acides-alcools. — Acide carbonique. Acides lactiques. — Acides maliques. — Acides tartriques. — Acide citrique.

Acides-phénols. — Acides oxybenzoïques. — Acide gallique. Tanins divers.

Alcalis organiques en général. — Amines primaires, secondaires et tertiaires. — Ammoniums composés. — Alcalis méthyliques. — Alcalis éthyliques. — Aniline et ses dérivés. — Toluidine et ses dérivés. — Couleurs d'aniline. — Benzylamines. — Xylidines. — Naphtylamines. — Pyrrol. Indol. Carbazol. — Pyridine. — Quinoléine. Isoquinoléine. — Phénylènediamine. — Alcalis hydraziniques. Phénylhydrazine.

Alcalis-alcools, alcalis-phénols, alcalis-aldéhydes.

Alcalis-acides. Glycocolle. Acides amino-benzoïques.

Alcaloïdes. Quinine. Morphine. Strychnine.

Amides et nitriles. Alcalamides. — Formamide. Acide cyanhydrique. — Acétamide. Acétonitrile. — Benzamide. Benzonitrile. — Urée. Uréides. — Oxamide. Acide oxamique. — Amides des acides-alcalis-aldéhydes. — Indigo.

Composés diazoïques en général. — Diazobenzol. Diazotoluols. Diazonaphtaline. — Diazoaminobenzol. — Azoxybenzol. Azoxytoluols. — Azobenzol. — Matières colorantes azoïques.

Albuminoïdes. — Albumines. Caséine. — Osséine. Gélatine. — Enzymes.

CHIMIE AGRICOLE ET ANALYSE CHIMIQUE

Chaire créée par ordonnance du 26 septembre 1839.

PROFESSEURS

1839-1845, O. Leclerc-Thouin, agronome.

1845-1849 et 1851-1887, J.-B.-J.-D. Boussingault, membre de l'Institut.

Depuis le 23 septembre 1887, M. Th. Schloesing (C. ✻), membre de l'Institut.

Professeur remplaçant, depuis le 22 octobre 1895, M. Th. Schloesing fils (✻), membre de l'Institut, directeur de l'École d'application des Manufactures de l'État.

PROGRAMME GÉNÉRAL

1re *année.* — Étude de l'atmosphère considérée au point de vue de la nutrition des plantes. — Notions de bactériologie. — Étude des sols agricoles. — Analyse des sols. — Analyse gazométrique. — Analyse appliquée aux matières agricoles.

2e *année.* — Nutrition des plantes. — Engrais. — Suite de l'analyse appliquée aux matières agricoles.

On étudie d'abord, dans ce Cours, les deux milieux où les plantes puisent leur nourriture, savoir l'atmosphère et le sol; puis on examine comment les plantes se nourrissent, comment elles assimilent chacun des éléments qui entrent dans leur constitution. Instruit sur ces matières, l'auditeur a la préparation convenable pour bien saisir l'exposé, qui est fait ensuite, des connaissances sur les engrais et sur les moyens d'en tirer parti pour entretenir et accroître la production végétale, ce qui est le but essentiel de l'agriculture.

Dans les expériences relatives à ces différents sujets, l'instrument de recherche par excellence est constamment l'analyse chimique. Aussi est-il naturel que cette analyse figure dans le programme des leçons. Elle y tient une place importante. Elle y traite à la fois des dosages courants des laboratoires agricoles et de diverses méthodes à recommander dans des cas où une grande précision est nécessaire.

On le voit, l'enseignement du Cours s'adresse aux personnes, nombreuses même à la ville, qui s'occupent d'agriculture avec le désir d'y utiliser non pas seulement les données, extrêmement respectables d'ailleurs, de la pratique, mais aussi les directions scientifiques. Il vise à leur faire comprendre les travaux dont la chimie agricole a été et est toujours l'objet, tant pour qu'elles sachent en déduire les applications qui en découlent que pour qu'elles soient en état d'entreprendre elles-mêmes utilement des recherches sur la matière.

PREMIÈRE ANNÉE

1° Chimie agricole.

I. — *Étude de l'atmosphère considérée comme source d'aliments des plantes.*

L'oxygène ; recherche de ses variations.

L'azote ; l'argon et ses compagnons.

L'acide carbonique de l'atmosphère ; son dosage ; ses variations.

Composés azotés de l'atmosphère : oxydes d'azote ; ammoniaque.

La vapeur d'eau de l'atmosphère ; son rôle ; sa circulation générale.

II. — *Notions de bactériologie.*

Les germes de l'atmosphère.

Généralités sur les microbes. Procédés de culture des microbes.

Exemples de fermentations. Diastases. Quelques applications de la bactériologie.

III. — *Étude des sols agricoles.*

Formation des sols.

Constitution des sols. L'argile ; la matière organique ; le sable ; le calcaire.

Analyse physico-chimique des sols.

Propriétés physiques des sols.

Phénomènes chimiques et microbiens s'accomplissant dans les sols.

Propriétés absorbantes des sols.

Dissolutions contenues dans les sols. Intérêt des doses minimes de certains principes ; leur renouvellement ; leur entretien.

Gaz contenus dans les sols.

Dissolution du calcaire.

Phénomènes de combustion dans les sols.

Nitrification. Ferments de la nitrification. Autres ferments des sols.

L'azote, libre ou ammoniacal, de l'atmosphère et les sols.

2° Analyse chimique.

I. — *Analyse appliquée aux sols agricoles.*

Dosage de la potasse dans les sols. Procédés classiques ; dosage par épuisement à l'eau.

Dosage de l'acide phosphorique dans les sols. Procédés classiques ; dosage par épuisement à l'eau ; dosage par attaque à l'acide azotique très étendu.

Dosage de l'azote dans les sols.

Dosage de la chaux, de la magnésie, du calcaire dans les sols.

Analyse de diverses matières agricoles.

II. — *Analyse des gaz.*

Récolte et mesure des gaz.

Analyse par les absorbants.

Analyse par l'eudiométrie. Expériences sur la combustion des mélanges gazeux.

Analyse par pesées. Applications. Analyse organique élémentaire.

DEUXIÈME ANNÉE

1° Chimie agricole.

I. — *Nutrition des plantes.*

Étude de la germination. Applications ; essai et conservation des semences.

Assimilation du carbone par les plantes.

Respiration des plantes.

Assimilation de l'oxygène et de l'hydrogène par les plantes.

Échanges gazeux des plantes entières avec l'atmosphère.

Quelques propriétés de la chlorophylle.

Origine et assimilation de l'azote des plantes.

Fixation de l'azote libre de l'air par les plantes. Les Légumineuses ; les Algues.

L'argon et la végétation.

Les matières minérales des plantes ; leur nature ; leur répartition ; leurs variations ; leur nécessité.

Absorption des matières minérales par les plantes.

Utilisation par les plantes des solutions infiniment diluées existant dans les sols.

II. — *Engrais.*

Généralités sur les engrais.

Le fumier ; sa composition ; ses fermentations ; ses pertes d'azote.

Engrais verts.

Résidus de diverses industries.

Engrais phosphatés. Phosphates d'os. Phosphate précipité. Phosphates naturels. Superphosphates. Scories de déphosphoration. Mode d'action des phosphates.

Engrais azotés; nitrates; engrais ammoniacaux; engrais à azote organique.

Engrais potassiques.

Engrais et amendements calcaires.

Engrais provenant des villes; gadoues; eaux d'égout; épandage des eaux d'égout.

Engrais humain.

Considération sur l'emploi des engrais. Essai des engrais par la culture.

Applications. Notions sur les assolements; étude de quelques cultures spéciales.

2° Analyse chimique.

I. — *Dosage des principales substances minérales.*

II. — *Applications.*

Analyse des engrais. Dosage de la potasse, de l'acide phosphorique, de l'azote; dosages divers.

Analyse du fumier.

Analyse des matières calcaires.

Analyse des eaux. Eaux industrielles. Eaux potables. Analyse sommaire; analyse complète.

Les microbes dans les eaux. Épuration des eaux.

CHIMIE INDUSTRIELLE

Chaire créée par ordonnance du 26 septembre 1839.

PROFESSEURS

1839-1871, A. Payen, membre de l'Institut.

1871-1898, Aimé Girard, membre de l'Institut.

Depuis le 20 janvier 1899, M. E. Fleurent (✻), docteur ès sciences.

PROGRAMME GÉNÉRAL

1re *année*. — I. Grande industrie chimique minérale.

II. Matières végétales. — Composition histologique et composition chimique. — Emplois alimentaires des végétaux, procédés de conservation. — Utilisation des bois. — Industries des céréales.

2e *année*. — I. Matières végétales (suite). — Féculerie et amidonnerie. — Dextrines et glucoses. — Industrie sucrière. — Industries de fermentation et dérivés. — Matières grasses. — Parfums naturels et synthétiques. — Térébenthine, résines et vernis.

3e *année*. — I. Matières végétales (suite et fin). — Caoutchouc et gutta-percha. — Industrie papetière. — Industries de l'éclairage et produits dérivés.

II. Matières animales. — Emplois alimentaires. —

Procédés de conservation. — Œufs et albumine. — Industrie laitière. — Graisses animales. — Stéarinerie et savonnerie. — Cuirs et peaux. — Déchets animaux.

Le Cours de Chimie industrielle du Conservatoire national des Arts et Métiers, soulagé de l'enseignement des industries qui se rapportent à la Métallurgie, à la Céramique, à la Verrerie, aux chaux et ciments, aux matières colorantes, enseignement qui se trouve réparti entre trois autres chaires, se trouve divisé, par sa nature même, en trois parties distinctes.

On conçoit facilement que la première doit comprendre l'étude de la grande industrie chimique minérale. En effet, la transformation des matières premières diverses en produits manufacturés, transformation qui donne naissance aux différentes industries développées dans un pays, ne se fait pas simplement à l'aide des opérations manuelles ou mécaniques, quelle que soit la variété de celles-ci ; il y faut en outre, le plus souvent, pour ne pas dire toujours, l'intervention d'agents chargés, soit d'opérer les modifications successives que l'objet initial doit subir au cours du travail, soit d'éliminer de cet objet certaines impuretés qui le souillent et l'empêchent de pouvoir revêtir immédiatement la forme sous laquelle il sera livré plus tard à la consommation. Ces agents, auxiliaires indispensables du fabricant, sont désignés sous le nom général de *produits chimiques* et l'on conçoit que leur utilité règle la place que leur étude doit occuper dans le Cours de Chimie industrielle.

Cette étude étant faite, on s'aperçoit vite que les transformations que les produits chimiques seront appelés à opérer s'adressent à deux catégories de matières premières ; les unes sont tirées du règne végétal, les autres du règne animal.

Il s'ensuit que les trois parties du Cours de Chimie industrielle viennent rationnellement se grouper dans l'ordre suivant :

1° Grande industrie chimique ;

2° Industries qui se rattachent à l'utilisation des matières végétales ;

3° Industries qui se rattachent à l'utilisation des matières animales.

Chacune de ces parties comprend, comme on le verra dans le détail du programme, un nombre de leçons proportionnel à l'importance des industries qui s'y rattachent, en prenant comme base un cycle de trois années, à 40 leçons chacune.

Pour l'exécution, le professeur s'attache, au moyen d'expériences nombreuses et variées, à faire comprendre les raisons des différentes manipulations que doit subir une matière première pour être transformée en produit manufacturé et à faire saisir, *de visu*, les réactions chimiques qui président à ces manipulations. Aidé de dessins, de tableaux chiffrés, de modèles, de projections lumineuses et d'échantillons recueillis dans l'industrie, il décrit à ses auditeurs les phases successives de la fabrication des produits les plus importants, en ayant soin, par ses visites dans les usines, ses études et ses relations personnelles, de maintenir, à chaque renouvellement, son enseignement au niveau des progrès accomplis. Enfin, un aperçu économique de l'état de chaque industrie complète une étude, dont, ainsi qu'on le voit, toutes les parties sont groupées de façon à satisfaire aux conditions d'un auditoire aussi varié que celui du Conservatoire et à donner à l'élève une idée aussi exacte que possible de la technique qu'il sera appelé à appliquer dans l'atelier ou la manufacture qui le prendra à son service.

Cela étant dit, le programme de chacune des parties du Cours se développe ainsi qu'il suit.

PROGRAMME DÉTAILLÉ

PREMIÈRE PARTIE

Grande industrie chimique.

Leçons.

1. Généralités. — Situation de la grande industrie chimique.
Soufre. — Extraction et raffinage. — Sulfure de carbone et sulfocarbonates 2

2. *Pyrites et acide sulfurique.* — Propriétés générales des acides du soufre. — Histoire de la fabrication de l'acide sulfurique. — Pyrites. — Combustion des pyrites. — Théorie de la fabrication de l'acide sulfurique. — Travail des chambres de plomb. Concentration de l'acide sulfurique. — Acide sulfurique fumant et solide. — Préparation de l'acide sulfurique par les procédés de contact. 6

3. *Industrie saunière.* — Sel gemme et sel marin. 1

4. *Composés ammoniacaux.* — Ammoniaque du gaz et des fours à coke métallurgique. — Ammoniaque des eaux vannes 1

A reporter. . 10

DEUXIÈME PARTIE

Matières végétales et industries qui s'y rattachent.

A. — INDUSTRIES BASÉES SUR L'UTILISATION DIRECTE DES PRODUITS VÉGÉTAUX

	Leçons.
1. *Constitution histologique et composition chimique des matières végétales*	2
2. *Emploi alimentaire des matières végétales.* — Légumes et fruits. — Composition. — Méthodes de conservation : procédé Appert, procédés par dessiccation et par agents antiseptiques. — Café, chicorée, thé.	2
3. *Bois.* — Propriétés et emplois industriels. — Altérations. — Conservation : procédés par immersion, Boucherie, par vide et pression, etc.	3
Total.	7

B. — INDUSTRIES BASÉES SUR LA TRANSFORMATION ET LE TRAITEMENT MÉCANIQUE OU CHIMIQUE DES MATIÈRES VÉGÉTALES ENTIÈRES OU DES PRODUITS QU'ELLES FOURNISSENT.

1. *Meunerie.* — Céréales diverses. — Le grain de

Leçons.

Report. . 20

Cidre et poiré. — Brasserie. — Maltage de l'orge. — Travail par infusion et décoction. Houblonnage et cuisson. — Fermentation haute et basse. — Bières diverses. — Maladies des vins et des bières. — Alcools et eaux-de-vie. — Alcools de grains, de pommes de terre, de betteraves, de mélasses, de topinambours. — Distillation et rectification. — Eaux-de-vie diverses. — Vinaigrerie. — Tartre et acide tartrique 18

6. *Matières grasses végétales*. — Huilerie. — Extraction et purification des huiles. — Huiles siccatives : linoxine et linoléum. 3

7. *Parfums naturels et parfums synthétiques* . . 2

8. *Essence de térébenthine. — Résines et vernis* . 2

9. *Caoutchouc*. — État naturel. — Extraction. — Déchiquetage. — Découpage et dissolution. — Travail de la calandre. — Vulcanisation. — Gutta-percha. 3

10. *Industrie papetière*. — Emploi des chiffons. — Emploi de la paille, du bois, de l'alfa. — Papier à la forme et à la machine 6

Total. 54

C. — INDUSTRIES BASÉES SUR LA DÉCOMPOSITION DES MATIÈRES VÉGÉTALES

1. *Gaz d'éclairage et de chauffage*. — Fours et barillets. — Épuration physique. — Épura-

Leçons.

tion chimique. — Gazomètres et régulateurs. — Compteurs et appareils de chauffage. — Éclairage par becs ordinaires et par incandescence. — Gaz riche, gaz comprimé. — Carbure de calcium et acétylène. 6

2. *Huiles minérales.* — Distillation des goudrons du gaz. — Huiles de schistes. — Pétroles : extraction et raffinage. 3

3. *Carbonisation des bois.* — Procédé des forêts. — Distillation en vase clos. — Sous-produits : méthylène, acide acétique, créosote, gaïacol. 2

Total. 11

TOTAL GÉNÉRAL 72

TROISIÈME PARTIE

Matières animales et industries qui s'y rattachent.

	Leçons.
Report. .	13
5. *Industrie des cuirs et des peaux*. — La peau et le cuir. — Procédés divers de préparation des peaux. — Matières tannantes et procédés divers de tannage. — Cuirs forts et cuirs à œuvre. — Mégisserie et hongroyage. — Tannage au chrome. — Chamoiserie et maroquinerie. — Cuirs vernis. — Secrétage des peaux.	5
6. *Déchets animaux*. — Colles et gélatines. — Os et noir animal. — Sang desséché. — Produits divers	2
Total.	20

Ce programme, bien entendu, n'est pas définitif ; le professeur se réserve d'y apporter toutes les modifications nécessitées par les transformations que subissent, sous l'impulsion des progrès scientifiques, les industries comprises dans chacune des parties.

Quant à la répartition de ce programme sur chacune des trois années du cycle, elle s'établit naturellement comme suit :

PREMIÈRE ANNÉE.

	Leçons.
Grande industrie chimique. — Généralités. — Soufre. — Pyrites et acide sulfurique. — Sel. — Composés ammoniacaux. — Sulfate de soude et acide chlorhydrique. — Soude Leblanc et soude à l'ammoniaque. — Industrie du chlore. — Nitrates et acide nitrique. — Potasses. — Phosphates et superphosphates. — Cyanures et prussiates. — Aluns. — Électrochimie.	28
Matières végétales. — Constitution histologique et composition chimique. — Emplois alimentaires. — Procédés de conservation. — Bois. — Propriétés et procédés de conservation. — Meunerie. — Procédés de la mouture moderne. — Farines diverses	12
Total.	40

Deuxième année.

Leçons.

Matières végétales (*suite*). — Panification. — Biscuiterie. — Semoulerie. — Rizerie. — Pâtes alimentaires. — Féculerie et amidonnerie. — Dextrines et glucoses. — Industrie sucrière. — Industries de fermentation. — Matières grasses végétales. — Parfums naturels et synthétiques. — Essence de térébenthine. — Résines et vernis. . 40

Troisième année.

Matières végétales (*suite et fin*). — Caoutchouc et gutta-percha. — Industrie papetière. — Gaz d'éclairage et de chauffage. — Acétylène. — Huiles minérales. — Carbonisation des bois. . . 20

Matières animales. — Viandes, poissons. — Emplois alimentaires. — Conservation. — Œufs et albumine. — Industrie laitière. — Graisses animales. — Stéarinerie et savonnerie. — Industrie des cuirs et des peaux. — Déchets animaux . . 20

Total. 40

CHIMIE

APPLIQUÉE AUX INDUSTRIES DES MATIÈRES COLORANTES, BLANCHIMENT, TEINTURE ET APPRÊTS

(Fondation de la Ville de Paris.)

Chaire créée par décret du 25 décembre 1904.

PROFESSEURS

La nouvelle Chaire de Chimie appliquée aux industries des Matières colorantes, Blanchiment, Teinture et Apprêts a été constituée par le dédoublement de celle créée par décrets des 13 septembre 1852 et 28 octobre 1868 et dont les Professeurs titulaires ont été :

1852-1868, J.-F. PERSOZ, Chimiste ;

1868-1904, Victor de LUYNES (O. ✻), Directeur honoraire des Laboratoires du Ministère des Finances ;

Depuis le 26 juillet 1905, M. A. ROSENSTIEHL (✻), docteur ès sciences.

PROGRAMME GÉNÉRAL

1re année. — Étude de la fibre textile, blanchiment. — Procédés généraux de teinture et d'impression. —

Machines. — Commencement du cours de matières colorantes et de leurs applications. — Matières d'origine minérale. — Matières d'origine organique. — Les couleurs azoïques.

2e *année*. — Suite du cours de matières colorantes et de leurs applications. Alizarine, Indigo, Couleurs d'aniline, Matières colorantes des bois de teinture. — Analyse des tissus, Apprêts, Association des couleurs.

Le programme général du Cours est d'apprendre à l'auditeur par quelles séries d'opérations doit passer la fibre textile pour arriver de l'état brut à celui de fil ou tissu teint ou imprimé, apprêté et prêt à l'emploi.

Les différentes phases de la série d'opérations nécessaires constituent autant d'industries distinctes, dépendant les unes des autres.

Elles s'appellent blanchiment, teinture, impression, apprêts, fabrication des matières colorantes. Ces industries exigent de ceux qui les exercent la connaissance parfaite de la fibre textile d'une part, de la matière colorante de l'autre. De leurs propriétés respectives dépend en effet le choix de la matière colorante et son mode d'application.

Cette condition détermine le plan général du Cours.

Après l'étude de la fibre, de son blanchiment,

le professeur décrira les méthodes générales de teinture et d'impression.

A la suite de ces leçons préparatoires, il étudiera chaque matière colorante en particulier : sa place dans la classification générale, sa matière première, sa fabrication, ses propriétés intéressant la teinture et l'impression, son mode d'application.

Dans ces développements le professeur signalera spécialement les matières colorantes donnant des couleurs solides, aptes à résister longtemps à la fatigue que leur impose l'usage.

Ces couleurs sont les seules dont l'emploi dans l'industrie devra survivre. Les autres, dites « faux teint », sont destinées à disparaître avec les progrès de la science chimique.

Il exposera les méthodes les plus propres à déterminer le procédé d'application qui convient à une matière colorante nouvelle.

Il montrera non seulement l'état actuel de la science et de ses applications aux industries de la teinture et de l'impression, mais il en montrera aussi les lacunes, de manière à éveiller l'initiative. Par l'exposé historique et des exemples appropriés, il fera voir la part qui revient à l'intuition, et celle qui revient à l'expérimentation méthodique, dans la réalisation du progrès.

PROGRAMME DÉTAILLÉ

PREMIÈRE ANNÉE

Première partie.

Plan du cours, aperçu général des méthodes de production des matières colorantes, de leur fixation.

La fibre textile : fibre végétale, cellulose, coton, lin, chanvre, ramie, jute. Soie artificielle.

Fibre animale : laine, cheveux, poils, soies. Carbonisation.

Blanchiment de chaque catégorie de fibres.

Mercerisation.

Théorie générale des matières colorantes. Leur fixation sur fibre. Couleurs teignant directement sur fibre. Couleurs teignant par l'intermédiaire des mordants. Matières colorantes se fixant par oxydation. Matières colorantes se fixant par réduction précédant l'oxydation. Couleurs d'application.

Couleurs vapeur : Étude de la cuve à vaporiser. Son origine, sa température, son degré hygrométrique. Sa ventilation. Influence de ces données sur la réussite de la fixation.

Différences entre le vaporisage de la laine et celui du coton. Étendage à sécher et à oxyder.

Théorie de la teinture. Rôle respectif des attractions mécaniques et affinités chimiques.

Classification des matières colorantes selon leurs affinités pour la fibre. Mordants simples, mordants doubles. Tanins, huiles, épaississants. Produits auxiliaires. Réserves, enlevages, conversions. Agents réducteurs, sels d'étain, poudre de zinc, sulfite, hydrosulfite. Agents d'oxydation employés en teinture et en impression : chromates, bioxydes, chlorates.

Méthodes générales de teinture et d'impression.

Impression à la planche, Perrotine. Du rouleau gravé en creux ; machine à imprimer au rouleau.

Rouleaux gravés en relief. Machine mixte.

Seconde partie.

Matières colorantes. Matières, minérales. Laques.

Matières organiques : Théorie du benzène, combinaisons aromatiques, hydrocarbures fondamentaux des matières colorantes. Chimie du goudron de houille, naphtaline et naphtols. Dérivés nitrosés, dérivés nitrés. Hydroxylamines, amines, composés diazoïques, leurs métamorphoses. Dérivés diazoaminés. Matières azoïques, étude des matières mono et polyazoïques. Matières basiques, acides, teignant sur mordant. Matières directes pour coton.

Benzidine. Production directe sur fibre, réserves et, enlevages sur couleurs azoïques. Azoxyamines et dérivés colorés, Combinaisons azoxy-azo-hydrazoïques, tartrazines, amidines, phosphines. — Acides sulfonés. Cétones. Matières colorantes des cétones.

Matières colorantes naturelles jaunes. Bois jaune, Fustel, Quercitron, Graine de Perse. Applications.

Phénols et leurs dérivés. Quinones, oxyquinones, naphtazarine. Quinone oxime.

DEUXIÈME ANNÉE

Résumé rapide de l'enseignement de la 1re année. Suite du cours de matières premières, de matières colorantes, et de leurs applications.

Anthracène. Anthraquinone, alizarine, dérivés.

Matière colorante de la garance, avec développements.

Teinture en rouge turc, réserves, enlevages.

Bleu d'alizarine, amido-anthraquinones. Dérivés sulfonés. Quinoneimides. Indamines, indophénols, thiazine, thiazone. Production directe sur fibre.

Azine, azoniums. Eurhodine, rosinduline. Safranine. Induline. Noir d'aniline. Aniline, toluidines.

Diphényle. Triphénylméthane, dérivés. Les rosanilines, les fuchsines, bleus, violets, verts d'aniline. Préparation et mode d'emploi. Dérivés. Acides sulfonés avec développements. Phtaléine, éosines. Acridine, primuline. Phénanthrène, indols, indigo naturel. Chimie du groupe indigotique, emploi de l'Indigo dans toutes les branches de la teinture et de l'impression.

Bois de teinture. Bois rouge, campêche. Modes d'emploi. Cochenille. Matières de constitution inconnue. Cachou, curcuma, orléans, orseille, couleurs sulfurées.

Analyse des tissus teints et imprimés. Détermination du mordant et de la matière colorante.

Marche méthodique permettant de déterminer les propriétés d'une matière colorante nouvelle, de fixer son mode d'emploi en teinture et en impression, de rechercher les formules d'application qui donnent le meilleur résultat.

Constater son degré de résistance à la lumière, au lavage, au savon, au foulon.

Classification des apprêts. Des substances employées ; rôle de ces substances. Mercerisage, crêpage.

Appareils à cuire et à tamiser les épaississants.

Apprêts à la main. Appareils à empeser les tissus, séchage. Rames, calandres, lustrage, gaufrage, moirage ; tondeuses, laineuses, machines à gratter. Chlorage, bleutage, trésalage.

Apprêts pour tissus de soie, de laine foulon.

Analyse des apprêts.

Physiologie de la couleur.

Relations entre lumière, matière colorante, et les sensations éprouvées par l'organe de la vue.

Couleurs complémentaires. Leur emploi dans la décoration des tissus. Couleurs ayant même complémentaire. Multiplicité des lumières blanches. Influence de la lumière incidente sur la couleur des objets. Intensité de coloration ; définition. Applications du mélange des sensations. Des tons clairs réalisés aux Gobelins.

Solidité des couleurs ainsi obtenues. — Lois de l'harmonie des couleurs.

CHIMIE

APPLIQUÉE AUX INDUSTRIES DES CHAUX ET CIMENTS, CÉRAMIQUE ET VERRERIE

Chaire créée par décret du 25 décembre 1904.

PROFESSEURS

La nouvelle Chaire de Chimie appliquée aux industries des Chaux et Ciments, Céramique et Verrerie a été constituée par le dédoublement de celle créée par décret du 28 octobre 1868 et occupée jusqu'en 1904 par le Professeur Victor de LUYNES (O. ✻), Directeur honoraire des Laboratoires du Ministère des Finances.

Antérieurement, une Chaire spéciale de Céramique fut instituée au Conservatoire par arrêté du 28 avril 1848. Ce Cours fut professé, à titre gratuit, de 1848 à 1852, par J.-J. EBELMEN, Directeur de la Manufacture de Sèvres.

Depuis le 26 juillet 1905, M. A. VERNEUIL (I ⓘ), docteur ès sciences.

PROGRAMME GÉNÉRAL

1re année. — 1re PARTIE : Généralités relatives à la production, à la mesure et à l'application des hautes températures, au point de vue des industries qui font l'objet du cours.

2e Partie : Verrerie.

2e *année.* — 1re Partie : Céramique.

2e Partie : Chaux et Ciments.

PROGRAMME DÉTAILLÉ

PREMIÈRE ANNÉE

Première partie : Généralités.

Principes généraux sur le chauffage, au point de vue de la céramique, de la verrerie et de la cuisson des chaux et ciments.

Étude des combustibles, au point de vue des industries qui font l'objet du Cours.

Mesure du pouvoir calorifique. Températures de combustion.

Généralités sur le fonctionnement des fours à grilles, des fours à alandiers et des fours à gaz.

Principes généraux sur la récupération.

Procédés de mesure des hautes températures industrielles.

Seconde partie : Verrerie.

Généralités : état vitreux. Classification des verres ; propriétés en relation avec leur composition.

Analyse des verres ; discussion des résultats en vue de leur reproduction.

Matières premières : Silice. Acide borique. Acide phosphorique.

Fondants. — Décolorants.

Fabrication des pots ou creusets.

Étude générale de la fusion.

Défauts que peut présenter le verre.

Propriétés physiques des verres : densité, ductilité, flexibilité.

Propriétés chimiques des verres. Action de la lumière, de l'eau, des alcalis, des acides.

Action de la chaleur : Dévitrification.

Fabrication des verres soufflés : Bouteilles. Composition. Fours à bassin.

Fabrication mécanique, machine Cl. Boucher.

Résistance mécanique des bouteilles.

Pierre de verre Garchey.

Vitres : composition. Soufflage mécanique.

Fours d'étendage continu. Verres bombés. Cylindres.

Gobeleterie et flaconnage : compositions ; classification. Fabrications artistiques de Bohême, de Venise, de Lorraine.

Fabrication des tubes et vases de chimie. Verres de montre. Nouveaux verres pour thermomètres et niveaux d'eau. Fabrication des perles.

Verre de quartz.

Étude de la trempe. Larmes bataviques. Verre trempé.

Cristal. Fabrication. Taille et gravure. Gravure chimique. Gravure au sable. Moulage à la presse.

Fabrication des verres coulés.

Glaces coulées : Verre au sulfate. Fours à pots. Fabrication. Polissage. Étamage. Argenture. Dorure. Platinage.

Opaline.

Verre mince coulé : verre cathédral. Verre armé.

Verres moulés.

Dalles. Tuiles. Cuves. Lentilles de phares. Isolateurs électriques. Tuyaux.

Verre coulé et soufflé : Procédé Sievert.

Fabrication des verres solidifiés et ramollis.

Verre d'optique : fabrication.

Nouveaux verres d'optique, relation entre leurs indices et leur composition. Verres transparents pour les rayons ultra-violets.

Moulage mécanique. Trempe et recuit. Fabrication des grands disques astronomiques.

Le strass. Fabrication des similis. Masses dures.

Aventurine de cuivre et de chrome.

Verres de couleur et de fantaisie.

Verres et cristaux colorés : influence de la composition du verre sur le ton obtenu.

Verres opalins. Verres irisés. Imitation des perles d'Orient. Verres filigranés.

Peinture sur verre : couleurs et émaux. Art du vitrail.

Historique de la verrerie : étude des principaux chefs-d'œuvre depuis l'antiquité jusqu'à nos jours.

DEUXIÈME ANNÉE

Première partie : Céramique.

Matières premières : Feldspaths. Argiles : plasticité. Classification. Matières dégraissantes. Fondants. Essais et analyses.

Procédés généraux de préparation des pâtes : Désagrégation, broyage, malaxage, laminage, ressuyage.

Procédés généraux de façonnage. Séchage.

Étude des couvertes : matières premières, préparation. Action de la chaleur sur les pâtes et les couvertes ; accord des pâtes et des couvertes, procédés employés pour mesurer leur dilatation.

Fabrication des poteries à pâtes perméables.

Briques. Tuiles. Poteries communes. Carreaux. Céramique de bâtiment et de décoration. Produits réfractaires.

Façonnage spécial de ces produits. Fours de cuisson.

Qualités des terres cuites. Essais.

Faïences : classification. Préparation des pâtes.

Façonnage. Fours de cuisson. Émaillage et décoration. Émaux sans plomb.

Historique de la faïence. Faïences artistiques : faïences italiennes, hollandaises, anglaises, françaises : Bernard Palissy, Henri II, Rouen, Nevers, Hispano-moresques à reflets métalliques. Imitations modernes.

Fabrication des poteries à pâtes imperméables.

Grès : Carreaux. Tuyaux. Produits sanitaires. Produits pour l'industrie chimique. Composition. Façonnage. Cuisson.

Porcelaines : classification. Composition et préparation des pâtes. Façonnage. Fours de cuisson.

Décoration. Couleurs vitrifiables. Fondants.

Porcelaine cloisonnée.

Émaillage industriel et artistique sur métaux. Lave émaillée.

Historique : porcelaines de Chine, de Sèvres, de Saxe, de Berlin, de Vienne, de Mayence, de Copenhague ; émaux de Limoges. Imitations modernes.

Deuxième partie : chaux, ciments, mortiers.

Variétés des calcaires naturels, leur analyse.

Chaux aériennes. Chaux hydrauliques. Chaux limites. Chaux à ciments. Classification.

Principaux types de fours employés pour la cuisson, intermittente ou continue, des chaux aériennes.

Principaux types de fours employés à la fabrication des chaux hydrauliques. Travaux de Vicat.

Fabrication des ciments.

Ciment naturel. Ciment artificiel.

Essais des matières premières.

Mélange par voie humide et par voie sèche.

Fabrication des briquettes.

Principaux types de fours employés à la cuisson des ciments.

Pulvérisation. Conservation.

Propriétés et essais des ciments.

Analyse des chaux hydrauliques et des ciments.

Pouzzolanes et ses succédanés : mortiers de chaux. Mortiers de ciment.

Théorie du durcissement. Travaux de Vicat, Berthier, Rivot, Le Châtelier, Landrin.

Pierres artificielles.

FILATURE ET TISSAGE

Chaire créée par décret du 13 septembre 1852.

PROFESSEURS

1852-1877, Michel Alcan.

Depuis le 28 juillet 1879, M. J. Imbs (✻), ingénieur des Arts et Manufactures.

PROGRAMME GÉNÉRAL

1re *année*. — Fibres textiles. — Fibres et préparations de filature.

2e *année*. — Métiers à filer. — Tissus en général et tissus unis.

3e *année*. — Tissus en armures. — Dessins et tissus façonnés.

Le Cours de Filature et Tissage embrasse d'une manière générale l'étude de toutes les industries textiles, en dehors de la teinture, de l'impression et des autres branches spéciales d'ordre chimique que comprennent ces industries.

Ce Cours comporte 120 à 130 leçons en trois années successives. La description des machines si variées de filature et de tissage, qui dans leur ensemble constituent la source inépuisable de laquelle dérivent toutes les applications de la mécanique moderne, occupe nécessairement une grande place dans ce Cours. La série spéciale des modèles en réduction que possède le Musée du Conservatoire, jointe aux échantillons choisis et à l'importante collection de tableaux analytiques ou figuratifs à échelle majorée que développe incessamment le Professeur, lui permettent de diriger son enseignement, non seulement au point de vue théorique et historique, mais encore aux divers points de vue pratiques de bonne utilisation qui intéressent les installations et l'exploitation.

PROGRAMME DÉTAILLÉ

PREMIÈRE ANNÉE

Fils en général au point de vue textile.

Propriétés générales d'une fibre textile. — Principales fibres usuelles, leur aspect microscopique.

Propriétés physiques des principales fibres. — Leur composition chimique. — Propriétés chimiques. — Analyses de mélanges fibreux. — Conditionnement.

Titrage, vérification et épreuve des fils.

Origine de l'industrie de la soie. — Documents. — Statistique des soies. — Subdivision de la production des fils de soie.

Éducation des vers à soie, soit agricole, soit manufacturière. — Cocons.

Tirage de la soie. — Tirage automatique système Serell pour la grège en gros titres.

État du fil de soie grège.

Opérations préparatoires du moulinage, et moulinage de la soie.

Travail préparatoire des déchets de soie.

Production du lin.

Rouissage agricole et manufacturier.

Broyage, teillage, peignage du lin. — Peigneuse Ph. de Girard. — Peigneuses modernes.

Production des laines. — Classification et triage des laines pour peigne.

Lavage des laines. — Lavage à dos agricole. — Désuintage manufacturier. — Séchoirs. — Installations diverses.

Cardage. — Principes. — Garnitures de cardes. — Cardes à hérissons. — Relations de vitesse. — État de la matière. — Aiguisage. — Débourrage.

Production du coton. — Récolte. — Variétés.

Égrenage. — Types de machines à égrener les cotons courts et les cotons longs.

Premières préparations du coton en filature. — Mélanges. — Ouvreuses.

Batteurs classiques. — Ouvreuses et batteurs en connexion. — Chargeuses automatiques.

Batteur-finisseur compensateur pour le coton.

Cardes à hérisson pour le coton.

Cardes à chapeaux fixes ou mobiles pour coton. — Cardes à débourrage automatique des chapeaux et cardes à chapeaux chaînés.

Organismes de mise en pot des rubans.

Appareils étireurs. — Principes de l'étirage des fibres. — Dispositions comparées pour coton, lin et laine.

Théorie des doublages. — Arrêteurs, casse-mèches mécaniques et électriques.

Peignage automatique et continu de la laine et du coton. — Machines Heilmann, Noble, etc.

Lisseuse laine.

Opérations d'amincissement graduel des mèches. —

Consolidation des mèches fines. — Torsion faible et frottage comparés.

Bobinoir-frotteur de laine peignée.

Étude du banc à broches-tordeur.

Organes élémentaires. — Analyse de leurs fonctions.

Loi du renvidage dans le banc à broches. — Organes de transmission permettant de réaliser cette loi. — Groupement général de ces organes.

Encliquetage déterminant les changements généraux.

Banc à broches à lin.

DEUXIÈME ANNÉE

Fonctions générales des métiers à filer.

Analyse générale des quatre broches fileuses types.

Continu à filer à ailettes : ses aptitudes et ses applications.

Continu à anneau et curseur. — Etude de la tension prise par le fil en marche : ses lois. — Formation de la bobine : ses lois.

Dispositions générales du mécanisme d'un continu à anneau d'après les lois d'envidage et de tension appliquées. Principales applications du continu à anneau.

Conditions générales du métier Mull Jenny. Fonctions des organes élémentaires. — Propriétés spéciales du fil.

Dispositions du métier Mull Jenny pour numéros très fins. — Les quatre temps de la période complète dans tout Mull Jenny.

Historique des études du self-acting ou Mull Jenny automatique.

Dispositions générales constantes pour tout self-acting.

Organes élémentaires constants pour les fonctions renvideuses du self-acting.

Dispositions particulières pour les grands self-acting modernes. — Rendement comparé des continus et des self-acting.

Exploitation générale des filatures pour fil droite fibre.

Filature de la laine cardée. — Particularités des cardes.

Cardes dites briseuse, repasseuse, fileuse pour laine cardée. — Types de cardes briseuses et de cardes repasseuses.

Principe et réalisations diverses du fractionnement du voile cardé pour cardes dites fileuses. — Métiers à filer étirant par le chariot.

Retordage. — Apprêt des fils. — Flambage. — Raclage. — Lustrage. — Gommage. — Bobinage. — Pelotage, etc. des fils spéciaux. — Fils guimpés. — Cordonnets. — Tresses.

Cordes et câbles. — Corderies mécaniques. — Tissus en général.

Feutres ; leurs applications, leur production industrielle.

Chapellerie. — Matières premières. — Opérations fondamentales.

Classification générale des tissus ; entrelacements caractéristiques.

Éléments d'un métier à tisser pour entrelacement simple.

Effets lumineux résultant du jeu des fils.

Armures : leurs principes ; leur classification.

Armure toile ou taffetas. — Armure sergée. Armure croisée batavia. Armure satin de 5. Résumé des propriétés comparées des quatre armures fondamentales.

Principales armures dérivées directement des quatre armures fondamentales.

Préparation des chaînes de tissage. — Bobinage. — Ourdissage à la main. — Pliage et montage.

Ourdissage mécanique. — Parage des chaînes pour tissage mécanique.

Machines à parer les chaînes. — Encolleuses à tambour. — Encolleuses à air chaud.

Préparation des trames. — Cannetières mécaniques. — Métier à tisser mécanique.

Métiers mécaniques pour armures fondamentales : dispositions générales.

Métiers mécaniques. Organes de sûreté et accessoires.

Métiers mécaniques Northrop à plusieurs navettes. — Métiers à boîtes revolver pour quatre ou six navettes. — Métiers à plusieurs navettes à boîtes étagées. Dispositions générales.

TROISIÈME ANNÉE

Moyens de modification des armures.

Satins riches.

Armures classiques diverses.

Analyse des armures en vue de leur exécution.

Tissus double face et tissus doubles. — Armures à grand nombre de lames et duites.

Métiers mécaniques pour un grand nombre de lames. — Métiers mécaniques à particularités d'usage fréquent.

Métier pour soieries à duites compensées et à régulateur à action directe.

Velours : principes constitutifs généraux. — Velours de trame.

Velours de chaîne par fers. — Armures velours chaîne diverses.

Velours double pièce sans fers. — Velours bouclé sans fers.

Tissus façonnés en général. — Moyens principaux de façonnage. — Conséquences d'un contour courbe.

Mise en carte, analyse, montage d'un petit façonné semé ou petite tire. Empontages simples.

Montage d'un grand dessin façonné en deux armures et en grande tire. — Lisage d'un semple.

Métiers Falcon, Bouchon et Vaucanson. — Mécanique Jacquard : organes. — Liaison des mouvements. — Dispositions d'installation.

Applications élémentaires de la Jacquard, dessins en

deux armures. Anciens procédés de préparation des cartons, et piquages modernes.

Piquage armureur Verdol et mécanique Verdol au papier.

Mécaniques Jacquard spéciales. — Étude du linge damassé. — Étude des façonnés à plusieurs armures.

Tissus à plusieurs chaînes. — Tapis moquette.

Velours façonné uni. — Velours de Gênes.

Satins unis façonnés à lats de chaîne.

Tissus à plusieurs trames et plusieurs chaînes.

Battants-brocheurs.

Façonnés sans armures. Faux façonnés. — Tissus chenille. Tissus chenille façonnée. — Armures gazes unies.

Évolution du fil de tour. — Réalisation du mouvement. — Double tour. — Places et moments d'évolution des fils de tour pour les gazes façonnées.

Rubans et métiers à rubans.

Métiers à tulle ; organes généraux et principes d'entrelacement. — Les trois types distincts de tulle uni.

Tulle Bobin. Tulle uni et façonné, dit guipure.

Tulle Levers uni à quatre ou huit motions. — Grosses barres au nombre de quatre. — Fines barres, pour tulle Levers façonné.

Principe des tricots de trame. — Côte simple, côte anglaise. — Aiguille self-acting. Poinçons. — Façonnage des tricots de trame. Tricots de chaîne et distributions.

Apprêts des draps. — Foulonnage, mise en rame, lainage, tondage. Machines à broder.

CONSTRUCTIONS CIVILES

Chaire créée par décret du 4 novembre 1854.

PROFESSEURS

1854-1893, M. Émile TRÉLAT (O. ✻), professeur honoraire au Conservatoire, architecte, directeur de l'École spéciale d'Architecture de Paris.

Depuis le 24 octobre 1894, M. J. PILLET (O. ✻), professeur à l'École nationale des Beaux-Arts et à l'École nationale des Ponts et Chaussées.

PROGRAMME GÉNÉRAL

1re *année*. — Matériaux et éléments de construction ; fondations.

2e *année*. — Organes de construction et composition des édifices.

3e *année*. — La science appliquée à la construction :

a) Résistance des matériaux et stabilité des constructions ;

b) Confort et salubrité des constructions.

Le Cours de Constructions civiles a principalement pour auditeurs des élèves et des commis architectes, des élèves ingénieurs, des commis d'entrepreneurs, des employés des Ponts et

Chaussées et des Chemins de fer et, même, des ouvriers du bâtiment.

Il a été inauguré ou plutôt créé en 1854 par M. Émile Trélat, et ce sont encore les idées de son illustre fondateur qui inspirent l'enseignement que l'on y distribue.

Dans une première année on étudie les matériaux de construction en prenant pour guide, dans l'analyse que l'on en fait, les *propriétés constructives* que doit posséder la *matière* pour pouvoir être classée comme *matériau*, c'est-à-dire apte à être employée utilement en construction. Un *matériau*, qu'il soit naturel comme la pierre et le bois, ou fabriqué comme le ciment et le fer, demande à être ouvré pour pouvoir être utilisé. Il devient alors un *élément de construction* ; telles sont une pierre taillée, un bois équarri et travaillé, un fer laminé..... Les éléments de construction sont, eux aussi, étudiés en première année, à la suite des matériaux dont ils dérivent immédiatement.

Dans la seconde année, les auditeurs sont supposés être en possession des éléments. On leur apprend alors à les utiliser pour donner naissance aux *organes de construction*, c'est-à-dire aux constructions partielles dont se compose un ensemble et qui sont destinées à jouer un rôle déterminé dans cet ensemble. On étudie ainsi les organes : verticaux (murs, piliers), horizontaux (planchers, voûtes, combles,...), de revêtement, d'isolement, de clôture, ducteurs ou abducteurs des fluides, de circulation (escaliers, ascenseurs), de salubrité et de confort. En donnant ensuite les principes de la composition des édifices, on enseigne par des exemples choisis dans les meilleures œuvres architecturales, l'art de combiner les organes de manière à donner une satisfaction aussi complète que possible au programme d'ordre matériel ou d'ordre intellectuel auquel un édifice doit satisfaire. On est amené ainsi à parler du grand art de l'architecture ; on le fait discrètement et sans empiéter sur le Cours d'Art appliqué aux Métiers qui, sur des sujets analogues, pénètre bien plus avant dans le domaine de l'Art.

La troisième année est, en quelque sorte, l'année scientifique du Cours. Trente leçons y sont consacrées à la stabilité des constructions et dix sont attribuées aux applications de la physique, c'est-à-dire au chauffage, à la ventilation, à l'acoustique et à l'éclairage des édifices.

On ne saurait, avec l'auditoire très spécial du Conservatoire, faire appel à l'analyse mathématique pour traiter les questions de stabilité et de résistance des matériaux. Aussi fait-on un usage presque exclusif des méthodes de la Statique graphique. Elles permettent de traiter complètement et rigoureusement toutes les questions ; elles font image et elles n'exigent que des connaissances très rudimentaires en mathématiques. Ces méthodes sont très goûtées du public et, malgré l'aridité des matières qui y sont traitées, cette troisième année est peut-être la plus suivie.

Les Cours du Conservatoire qui, avec celui de Constructions civiles, forment un ensemble d'enseignement spécialisé sont, en première ligne, ceux : 1° de Géométrie descriptive (Perspective et Stéréotomie) ; 2° d'Art appliqué aux métiers ; 3° de Céramique, Chaux et Ciments, Verrerie. On pourrait y ajouter, en seconde ligne, les cours de Mécanique, de Physique, de Chimie et de Métallurgie.

PROGRAMME DÉTAILLÉ

PREMIÈRE ANNÉE

Première partie : Matériaux et éléments de construction.

(35 *Leçons.*)

Plan du cours. — Les matériaux. — L'élément, l'organe de construction, l'édifice.

Matériaux morphogènes. — Les pierres, leur origine; leur classification. Capacités de persistance et d'isolement.

Résistances mécaniques : ,compression, traction, flexion, frottement.— Organicité et capacités économiques, exploitation des carrières.

Travail de la pierre : Outils ; théorie de leur emploi. — Appareillage.

Notions de géologie. — Ages de la Terre ; les terrains et les matériaux de construction qu'ils contiennent.

Les principales pierres employées à Paris d'après la série des prix. Unités de taille.

Mise en œuvre de la pierre : bardage, montage, pose, ravalement.

Matériaux reliants : généralités.—Bitumes et asphaltes.

Chaux : généralités et classification.— Chaux grasse :

fabrication et emploi. — Chaux hydrauliques. — Ciments.

Propriétés constructives des matériaux reliants. — Essais.

Mortiers et béton.

Plâtre. Fabrication; emploi : légers ouvrages.

Matériaux céramiques. Terres cuites, grès, porcelaines.

Matériaux vitrifiés. Verres et glaces, pierre de verre, verre soufflé. Mosaïques, vitraux.

Bois. Provenance. Propriétés constructives. Amélioration. Assemblages. Travail et emploi du bois.

Matériaux de revêtement et d'isolement. Marbres. Coton minéral. Agglomérés de liège.

Métaux de gros œuvre. Fer, fonte, acier. Leur métallurgie (notions sommaires); leur emploi.

Matériaux mixtes. Ciment armé.

Métaux de petit œuvre. Cuivre, bronze et laiton, aluminium, étain, plomb, zinc, argent, or.

Couleurs et peinture du bâtiment.

Deuxième partie : Fondations.

(5 *Leçons.*)

Fondations. Leur rôle. Étude du terrain. Sondages.

Fondations sur terrains compressibles ou non, aquifères ou non. Emploi de l'air comprimé. Fondations hydrauliques.

DEUXIÈME ANNÉE

Première partie : Organes de construction.

(22 *Leçons.*)

Classification des organes de construction. — Matériaux qui leur conviennent.

Organes verticaux.

Les murs. Leur classification d'après leurs fonctions.

Description et construction des murs en pierres naturelles, en pierres artificielles.

Les saillies et les baies dans les murs en pierre.

Les murs intérieurs (de refend, mitoyens, cloisons) ; conduits de fumée.

Les pans de bois et les pans de fer.

Le fer, l'acier. Les fers du commerce. Leurs assemblages.

Les piliers isolés. Considérations générales sur leur stabilité et leur résistance. Piliers en pierre, en bois, en métal, en ciment armé ou fretté.

Organes horizontaux. — Planchers en bois à solives parallèles, à solivages enchevêtrés, à travures composées.

Planchers en fer, à solives surchargées ou enchevêtrées. Planchers en ciment armé.

Poutres composites en fer : leur résistance; leur construction.

Les voûtes ; généralités. Stabilité et construction des voûtes appareillées.

Construction des voûtes sans cintres. Procédés romains et byzantins. Voûtes du moyen âge et voûtes modernes. Voûtes en ciment armé.

Les combles; les fermes en bois, en fer, en ciment armé.

Calcul de la résistance des fermes.

Arcs en métal. — Construction, exemples, calcul.

Couvertures : généralités. — Couvertures en pierres naturelles, en ardoises, en terre cuite.

Couvertures en métal : zinc, plomb, cuivre, tôle; chéneaux, tuyaux de descente, crêtes, arêtiers.

Menuiserie en bois. Principes généraux. Lambris. Portes, fenêtres, volets, persiennes. Menuiserie en fer et quincaillerie.

Escaliers en pierre, en bois et en métal.

Peinture et vitrerie.

Deuxième partie : Éléments de la composition des édifices.

(18 *Leçons*.)

Introduction. — L'architecture et l'art dans la construction.

Moulures : murs et soubassements.

Origine des ordres. L'ordre dorique; l'ordre ionique et l'ordre corinthien, étudiés d'après des monuments de diverses époques.

Ordonnances qui en dérivent. Temples, portiques plafonnés ou voûtés.

Arcades, portes, fenêtres.

Ordres superposés ou juxtaposés.

Combinaisons de toitures; silhouettes qui en dérivent.

Couvertures; lucarnes, cheminées, balustrades.

Salles, escaliers extérieurs ou intérieurs.

Études comparatives d'ensembles de façades.

Études de composition sur des projets simples.

TROISIÈME ANNÉE

LA SCIENCE APPLIQUÉE A LA CONSTRUCTION

Première partie : Résistance des matériaux et Stabilité des constructions.

(30 *Leçons.*)

Étude de la traction, de la compression et du cisaillement.

Constitution moléculaire des corps solides. — Hypothèses. Défiguration d'un élément de construction.

Les forces et les couples : leur composition sur les corps solides. — Application aux organes de construction. Statique graphique.

Étude de la flexion simple : formules ; leur signification constructive. Dilatation calorifique.

Les moments d'inertie et les moments de résistance.

Les appuis et les réactions qui en sont la conséquence.

Détermination des réactions et des moments fléchissants par la statique graphique.

La courbe élastique déduite de la représentative des moments fléchissants.

Calcul des poutres droites à section constante, dans les cas usuels.

Planchers en bois à travures simples et à solivage parallèle.

Planchers à solives enchevêtrées ; à travures composées (poutres et solives).

Planchers en fer à travures simples. Solives parallèles, enchevêtrées ou surchargées.

Planchers en fer à travures composées (poutres et solives).

Poutres composites d'égale résistance. — Répartition des tôles.

Poutres continues, c'est-à-dire reposant sur plusieurs points d'appui et poutres en double console.

Lois du frottement. — Transmission des pressions sur deux surfaces planes en contact et théorie du noyau central.

Résistance et calcul des pièces chargées par bout.

Généralités sur les systèmes articulés. — Application à des combles simples en bois.

Calcul de combles en bois soumis à l'action du vent

Combles dissymétriques. — Combles en fer. — Ferme Polonceau.

Calcul des équarrissages ou des profils des pièces de fermes en bois, en fer.

Calcul des pièces secondaires des combles : pannes, chevrons.

Les poutres courbes et les arcs. Généralités.

Calcul des constantes d'un arc. — Détermination de la poussée et des moments d'encastrement.

La courbe des pressions : son tracé, ses usages.

Calcul des sections d'un arc.

Stabilité des voûtes en les assimilant aux arcs.

Les poussées. — Poussée du vent, de l'eau, des terres.

Calcul des murs destinés à résister à des charges soit verticales, soit obliques.

Stabilité des voûtes employées en architecture. Moyen de l'améliorer.

Deuxième partie : Confort et salubrité.

(10 *Leçons.*)

Chauffage et ventilation. — Rappel des notions indispensables de physique et de chimie.

Les cheminées d'appartement : leur rendement, leur amélioration.

Les poêles de divers systèmes.

Les grands calorifères (à air chaud) ; station centrale, conduites, colonnes montantes. Calorifères de divers systèmes. — Chauffage par le gaz.

Principe du chauffage par la vapeur. — Générateurs à vapeur à très basse pression, et organisation d'un chauffage à vapeur.

Notions sur la ventilation : chauffage et ventilation des prisons de Fresnes.

Chauffage par eau chaude.

L'éclairage : Principes généraux. Éclairage à huile, végétale ou minérale ; au gaz d'éclairage, ordinaire ou intensif.

Incandescence. — Gaz pauvre. — Acétylène.

L'acoustique du bâtiment.

ART APPLIQUÉ AUX MÉTIERS

Chaire créée par décret du 10 mars 1898.

PROFESSEUR

Depuis le 20 janvier 1899, M. Lucien MAGNE (O. ✻), inspecteur général des Monuments historiques, professeur à l'École nationale des Beaux-Arts.

PROGRAMME GÉNÉRAL

1re *année.* — Principes de composition. — Application de l'art au travail des métaux. — Métaux usuels. — Métaux précieux.

2e *année.* — Rappel des principes de composition. — Application de l'art au travail du bois : charpente, menuiserie, ébénisterie. — Décoration des tissus. — Décor du livre.

3e *année.* — Considérations générales sur le relief et la couleur. — Application au travail de la pierre, de la terre et du verre. — Céramique. — Mosaïque. — Vitrail.

Le Cours d'Art appliqué aux Métiers embrasse une période de trois années, la première consacrée au travail artistique des métaux, la seconde comprenant les applications de l'art au travail du bois, aux tissus, à l'impression et à l'illustration du livre, la troisième réservée aux études du décor des matériaux tirés du sol, pierre, marbre, etc., ainsi qu'à la décoration de la terre et du verre.

Les premières leçons comprennent, sous le titre de *Considérations générales :*

1° L'énoncé des connaissances nécessaires à l'artiste et à l'artisan, et qui doivent être la base d'un « Enseignement de l'art » s'appuyant sur la nature et sur la tradition ;

2° Les principes essentiels de composition applicables soit au décor des objets dans l'espace, soit au décor des surfaces ; et spécialement l'étude des oppositions de valeurs par le relief et la couleur ;

3° La subordination de la forme à l'idée, c'est-à-dire au programme de l'œuvre, l'utilisation dans ce but des qualités techniques de chaque matière, et, comme conséquence de l'accord entre la forme et la destination, l'étude des proportions ;

4° La définition du style comme une interprétation de la nature particulière à chaque époque, impliquant l'obligation de la personnalité dans la création artistique à l'exclusion de l'imitation servile des formes anciennes.

Les cours oraux ont lieu le soir, deux fois par

semaine, afin de permettre aux artisans, après leur travail quotidien, d'assister aux leçons dont le but est de former leur goût et de développer, autant qu'il est possible, en eux le sentiment de l'art. La leçon est divisée en deux parties. Durant la première, le Professeur donne, sur des dessins qu'il a préparés, toutes explications utiles concernant soit la composition, soit la technique, et le plus souvent une pièce exécutée sur ses dessins vient compléter la démonstration.

En même temps, afin de ne pas interrompre les explications orales, une composition préparée par le Professeur sur le sujet de la leçon du jour est dessinée au tableau par son préparateur, de telle sorte que les élèves qui suivent le Cours assistent en quelque sorte chaque soir à la genèse d'une composition. Celle-ci est reproduite suivant les cas soit au fusain et au crayon blanc, soit au pastel, à échelle suffisante pour être bien vue de toutes les places, et en perspective s'il s'agit d'un objet à trois dimensions. C'est une leçon de composition immédiate.

Dans la seconde partie de la leçon, le Professeur, faisant usage des projections, fait passer sous les yeux des élèves les ouvrages anciens qui, soit par leur composition, soit par leur forme, soit par leurs qualités techniques, caractérisent le mieux, aux époques antérieures, telle ou telle application de l'art au sujet traité dans la leçon. C'est l'enseignement par la « tradition ».

Pour compléter son action directe, le Professeur réunit le dimanche matin, dans son atelier du Conservatoire, les élèves les plus assidus et les mieux préparés aux études de composition pour diriger ces études et leur en faire faire l'application à des programmes correspondant aux questions traitées dans les cours oraux.

Chaque séance consacrée aux études d'atelier est aussi divisée en deux parties. Durant la première, les élèves font, sous la direction du Professeur et de son préparateur, soit en dessin, soit en modelage, des études analytiques de plantes ou d'animaux.

Durant la seconde, le Professeur dicte le programme sur lequel les élèves font une première esquisse, qu'ils développent en un dessin rendu à l'aquarelle ou en un modèle moulé au plâtre dans l'intervalle de deux dimanches. A la fin de la séance, le Professeur présente au tableau les compositions qui lui ont été remises et en fait la critique.

Si une ou plusieurs de ces compositions semblent dignes d'être exécutées, l'exécution en est faite à la demande du Professeur dans les ateliers qui lui sont ouverts, afin que l'exécution complète la critique de la composition dessinée.

Dans certains cas spéciaux, lorsque le matériel d'exécution est transportable, celle-ci a lieu dans l'atelier du Conservatoire. Mais le plus souvent elle est effectuée au dehors; et elle donne lieu à des visites qui permettent aux élèves de se rendre compte de l'outillage industriel applicable à chaque métier.

Tel est, dans son ensemble, l'enseignement donné aux élèves qui suivent le Cours d'Art appliqué.

Le programme de chaque année définit par alinéas le sujet de chaque leçon.

PROGRAMME DÉTAILLÉ

PREMIÈRE ANNÉE

Considérations générales.

Enseignement de l'art. La nature et la tradition.

Principes de composition. Décor des objets dans l'espace : silhouette. Décor des surfaces : contour. Opposition des valeurs : relief et couleur.

Accord de la forme et de la destination de l'œuvre. Utilisation des qualités techniques de chaque matière.

Le style. La personnalité dans la création artistique.

L'Art appliqué au travail des Métaux.

LE FER

Procédés anciens de travail et utilisation du fer aux différentes époques historiques. — Forge, soudure, estampage, martelage, découpage.

Procédés modernes de travail du fer et de l'acier. — Fonte et laminage. Outillage d'un atelier de construction métallique.

Ponts et combles à grande portée. — Formes et profils d'égale résistance. Accord de l'art et de la science.

Grande construction métallique. — Systèmes articulés. Décoration du métal par le métal.

Le fer dans l'architecture moderne. — Emploi du métal apparent. Décor par ajourage des remplissages.

Petite construction métallique. — Escaliers. Cages d'ascenseurs, etc.

Ferronnerie. — Assemblage des pièces forgées. Grilles extérieures. Exemples tirés d'œuvres anciennes et modernes.

Ferronnerie. — Grilles intérieures. Leur décor. Forge et estampage. Emploi des tôles repoussées et rivées.

Ferronnerie. — Balcons, appuis, rampes d'escaliers. Exemples tirés d'ouvrages de différentes époques.

Petite ferronnerie. — Supports d'appareils et appareils d'éclairage. Objets mobiliers.

Ferrure de portes extérieures et intérieures. — Poignées de tirage. Ferrures appliquées et entaillées.

Serrurerie ancienne et serrurerie moderne. — Serrures de portes et de meubles. Principes de décoration d'une serrure.

Quincaillerie. — Ferrure de croisées, espagnolettes, crémones, targettes, loqueteaux. Serrurerie fine.

Décoration du fer par ciselure et damasquinage.

Applications variées au décor des armes défensives et offensives.

LE PLOMB

Applications anciennes de l'art à la plomberie. — Faîtages, chéneaux, épis et crêtes. Plomb repoussé et plomb fondu.

Garniture en plomb des combles. — Flèches, dômes, lucarnes.

Emploi du plomb fondu dans la décoration architecturale et dans le décor des jardins. — Bassins, vasques, fontaines, vases.

L'ÉTAIN ET LE ZINC

Travail artistique de l'étain. — Gobeleterie. Travail du zinc repoussé ou fondu.

LE CUIVRE ET LE BRONZE

Utilisation ancienne du bronze et du cuivre. — Fonte et gravure. Damasquinage.

Emploi du bronze et du cuivre pour les objets usuels dans l'antiquité.

Applications décoratives du cuivre et du bronze au moyen âge. — Portes à revêtement de métal. Objets à l'usage du culte.

Emploi du bronze pour la statuaire et pour la décoration monumentale en Italie, du XVe au XVIe siècle. — Fonte à cire perdue.

Emploi du cuivre et du bronze dans la décoration monumentale en France aux XVIIe et XVIIIe siècles. — Fonte à pièces.

Applications décoratives du cuivre et du bronze au mobilier.

Application du bronze à l'éclairage.

Éclairage électrique : ses applications décoratives.

Emploi du bronze et du cuivre pour l'horlogerie.

Objets mobiliers. — Dinanderie. Cloches et sonnettes.

Le cuivre martelé. — Applications modernes à la statuaire.

L'ARGENT ET L'OR

Emploi des métaux précieux dans l'antiquité et procédés de travail.

Orfèvrerie d'or et d'argent au moyen âge. — Pièces martelées et repoussées.

L'orfèvrerie du XVIIe au XIXe siècle. — Procédés de fabrication modernes.

Bijouterie et joaillerie anciennes. — Pierres taillées et enchâssées dans le métal.

Bijouterie et joaillerie modernes. — Pierres fines, émaux opaques et translucides.

MÉTAUX PRÉCIEUX ET MÉTAUX USUELS

Monnaies et médailles.

DEUXIÈME ANNÉE

Enseignement de l'Art. — Rappel des principes de composition. — Décor dans l'espace et décor des surfaces : opposition par relief ou couleur. — Le style.

L'Art appliqué au travail du Bois.

CHARPENTE

Considérations générales sur la mise en œuvre du bois. — Bois de bout et bois de fil. Combinaisons simples des charpentes antiques : empilage et assemblage à mi-bois.

Emploi, au moyen âge, de bois assemblés de petit équarrissage et de grande longueur. — Pans de bois, poteaux, remplissages en tournisses, écharpes ou croisillons ; poitrails, poutres et solives des planchers. Encorbellements.

Combles en bois apparents. — Chevrons portant fermes. Entraits et poinçons. Faîtages et sous-faîtages. Pièces courbes.

Combinaisons spéciales de charpente. — Flèches et dômes. Enrayures.

Pièces secondaires. — Lucarnes. Auvents.

Escaliers droits dits à la française. — Limon, balustres et main courante. Consoles soutenant les paliers en bascule.

Escalier à noyau. — *Escaliers tournants à limon courbe et à crémaillère.*

Plafonds apparents en charpente. — Tribunes.

MENUISERIE

Combinaisons spéciales des bois de menuiserie. — Cadres et panneaux. Assemblages. Embrèvement. Bois refendu et bois scié. Outillage.

Lambris d'assemblage. — Application au moyen âge. Décor des cadres et des panneaux.

Portes en lambris apparent, extérieures et intérieures, des XVe et XVIe siècles.

Portes et lambris des XVIIe et XVIIIe siècles. — Bois apparents et bois peints. Grands panneaux.

Croisées à un vantail et volets. — Feuillures.

Croisées à deux vantaux. — Assemblages à noix et gueule-de-loup. Pièces d'appui. Portes-croisées.

Plafonds lambrissés. — Construction et décor.

Cheminées en lambris. — Revêtements des pieds-droits, du coffre et de la hotte.

MOBILIER

Composition et décor des meubles. — Tracés rectilignes (antiquité, moyen âge et Renaissance). Tracés courbes dans le plan vertical (XVIIe siècle). Tracés à double courbure (XVIIIe siècle).

Les meubles au moyen âge. — Destination et décor.

Les meubles de la Renaissance. — Bois apparents d'assemblage. Premiers essais de marqueterie.

Les meubles au XVIIe siècle. — Développement des

décorations d'applique en marqueterie d'écaille et de cuivre. Meubles de Boulle. Emploi de l'acajou, du palissandre, de l'ébène. Appliques de bronze.

Les meubles au XVIIIe siècle. — Bois plaqué, laqué ou verni.

Mobilier contemporain. — Caractères de la structure et du décor. Décoration par incrustation de bois ou de métal.

Emploi du bois pour la sculpture. — Son application aux objets usuels.

Carrosserie ancienne et moderne.

L'Art appliqué au travail des Tissus.

Tissage des étoffes dans l'antiquité. — Tissus de lin, de chanvre et de laine. Chaîne et trame.

Tissage des étoffes de laine et de soie au moyen âge. — Trames lattées de plusieurs couleurs. Damas.

Tissage du velours. — Points noués et coupés. Tissus d'or. Décor floral et décor linéaire.

Tissus pour le vêtement et l'ameublement du XVIIe et du XVIIIe siècle.

Fabrication moderne des tissus. — Composition des cartons. Outillage. Métiers Jacquard.

Décoration à la main des tissus. — Broderies et dentelles.

Tapisseries de haute lisse antérieures au XVIIe siècle.

Tapisseries pour tenture et ameublement des Manufactures des Gobelins, de Beauvais et d'Aubusson.

Tapisserie moderne de haute et basse lisse. — Composition des cartons et exécution.

Tapis de haute laine et tapis ras. — Principe du décor des tapis orientaux.

Décoration des étoffes par impression. — Application du cuir à la tenture et au mobilier.

L'Art appliqué au décor du Papier.

Papiers peints. — Affiches.

Décoration du livre. — Caractères manuscrits et imprimés. Miniatures et enluminures.

Gravure sur bois et sur cuivre. — Lithographie. Chromolithographie.

Application des procédés de la photographie à la gravure en creux ou en relief.

Reliure. — Emploi et décoration du cuir.

TROISIÈME ANNÉE

Enseignement de l'Art. — Résumé des principes généraux de composition. — Décor des surfaces. — Exemples tirés de la décoration des tissus. — Décor des objets à trois dimensions. — Exemples tirés de la décoration des meubles.

L'Art appliqué au travail de la Terre.

Poteries mates et tendres. — Façonnage et tournage. Cuisson.

Les poteries mates et tendres dans l'antiquité. — Décor par engobes. Poteries grecques.

Vernissage et émaillage de la terre. — Émaux translucides et opaques. Applications à l'architecture. Égypte. Chaldée. Perse.

Faïence. Décor sous couverte. — Emploi de l'émail stannifère comme support et comme fondant. Céramique orientale au moyen âge.

Céramique occidentale. — Emploi de la brique émaillée et non émaillée. Carrelages. Revêtements.

Modelage et estampage de la terre. — Décor des reliefs par émaillage et glaçure. Faïence de Rhodes. Faïences italiennes et hispano-mauresques. Couvertes à reflets métalliques.

Faïences françaises, hollandaises, allemandes.

Grès. — Composition des terres et cuisson. Vernissage au sel. Colorations par fusion d'oxydes métalliques. Grès japonais et grès français modernes.

Porcelaine. — Porcelaines tendre et dure. Pièces

tournées, moulées, coulées. Décor sous couverte et décoration par émaillage au grand feu.

Céramique architecturale. — Émaillage de pièces formant assises et carreaux émaillés de revêtement. Ornements et figures en bas-relief.

Applications modernes du grès et de la porcelaine à la décoration monumentale.

L'Art appliqué au travail du Verre.

Le verre dans l'antiquité. — Procédés de soufflage et de moulage. Verres polychromes opaques et translucides.

Gobeleterie. — Verres soufflés et moulés. Décor par émaillage. Cristal. Taille et gravure.

Décoration du verre. — Irisations naturelle et artificielle. Incorporation de pâtes colorées dans la masse vitreuse.

Mosaïque. — Son application au revêtement des surfaces. Principes du décor. Exécution.

Mosaïques primitives. — Simplification des formes et des modelés. Technique. Mosaïques de Constantinople, de Ravenne, de Rome, etc.

Mosaïques byzantines et arabes au moyen âge. — Grèce. Italie méridionale. Vénétie.

Incrustations de mosaïques de verre dans le marbre. — Monuments anciens du Royaume de Naples et de la Sicile.

Applications modernes de la mosaïque. — Mosaïques appliquées. Mosaïques incrustées.

Émail, émaux cloisonnés des bijoux antiques. — Émaux cloisonnés chinois et japonais.

Émaux champlevés de l'orfèvrerie au moyen âge.

Émaux peints. — Application des émaux translucides au décor des bijoux.

Le vitrail. — Mosaïque translucide. Cartons. Choix et coupe des verres. Application et cuisson de la grisaille. Mise en plomb.

Les vitraux au XIIe siècle. — Leurs colorations. Épaisseur inégale des verres soufflés en plateaux ou en cylindres. Verrières des cathédrales du Mans, de Poitiers, d'Angers, de l'abbaye de Saint-Denis, etc.

Le vitrail au XIIIe et au XIVe siècle. — Vitraux à grands sujets et vitraux à compartiments. Verres colorés en masse.

Le vitrail au XVe siècle. — Grisaille et jaune d'argent.

Composition et coloration des vitraux au XVIe siècle. — Verres plaqués à plusieurs couches. Gravure. Vitraux de Rouen, de Beauvais, de Montmorency, etc.

Évolution et décadence de l'art à la fin du XVIe siècle. — Introduction dans le décor des procédés du tableau.

Technique des vitraux modernes. — Verres dichroïques. Verres coulés, martelés et plissés.

Emploi des verres colorés en masse ou plaqués. — Composition des cartons. Rôle du sertissage de plomb dans la décoration. Emploi limité de la grisaille.

L'Art appliqué au travail de la Pierre.

Éléments de composition applicables aux matériaux

stratifiés et non stratifiés. — Pierres. Marbre. Granit. Porphyre.

Décor des supports isolés ou continus. — Colonnes et piliers. Murs.

Portes en pierre. — Éléments de construction et de décor.

Fenêtres et lucarnes en pierre. — Structure et décoration.

Cheminées en pierre. — Éléments constitutifs.

Escaliers droits et escaliers circulaires.

Rampes et balcons. — Construction et décor.

Voûtes de divers systèmes en pierres appareillées. — Coupoles. Voûtes d'arête. Voûtes en arcs de cloître. Voûtes sur nervures.

Décoration des différents systèmes de voûtes.

AGRICULTURE

Chaire créée par ordonnance du 13 novembre 1839.

PROFESSEURS

1839-1880, L.-C.-E. MOLL, professeur à l'Institut national agronomique.

1881-1892, Ed. LECOUTEUX, professeur à l'Institut national agronomique, président de la Société nationale d'agriculture de France.

Depuis le 15 mai 1894, M. L. GRANDEAU (C. ✻), inspecteur général des Stations agronomiques, doyen honoraire de la Faculté des sciences de Nancy.

PROGRAMME GÉNÉRAL

1re *année*. — Conditions fondamentales de la production agricole. — Sols. — Opérations culturales : labours, drainage, irrigations, etc. — Outillage agricole. — Engrais.

2e *année*. — Les végétaux cultivés. — Céréales, plantes sarclées. — Plantes industrielles. — Prairies. — Vignes, etc. — Semaille et plantation. — Soins culturaux. — Récolte.

3e *année*. — Alimentation de l'homme et des animaux. — Régime alimentaire de l'homme. — Bétail. —

Élevage. — Engraissement. — Lactation. — Production de la force, travail (animaux de trait).

Les découvertes de la science, les merveilleuses applications de la vapeur et de l'électricité, la rapidité et la facilité des relations internationales qui en résultent, en un mot, les progrès réalisés par le génie de l'homme au cours du siècle dernier, ont transformé, du tout au tout, les conditions de l'agriculture contemporaine. Obligé, dans les pays civilisés, à compter avec la concurrence des régions les plus éloignées les unes des autres, l'agriculteur est contraint de renoncer aux pratiques routinières de ses aïeux.

L'observation pure a fait son temps; elle a donné tout ce qu'on en peut attendre : la constatation de faits qu'elle ne saurait expliquer, la plupart du temps. C'est à l'expérience, c'est-à-dire à l'application des lois et des règles physiologiques de la production végétale et animale, à éclairer le praticien et à faire entrer son industrie dans une voie rémunératrice.

On peut définir l'agriculture : l'art d'obtenir le maximum de produits utiles à l'homme avec le minimum de dépense. Comme en industrie, l'objectif à poursuivre est l'abaissement du prix de revient. Ce but ne peut être atteint par le cultivateur et par l'éleveur qu'autant qu'ils ont, sur les conditions de production des plantes et des animaux, des connaissances positives en chimie, en physiologie, en histoire naturelle, etc. Le programme d'un cours d'agriculture est extrêmement vaste et complexe. Le plan suivi pour cet enseignement au Conservatoire a pour objectif d'initier les auditeurs aux faits scientifiques et pratiques essentiels pour permettre d'aborder avec profit la direction d'une exploitation agricole.

Le Cours d'Agriculture embrasse un cycle de trois années ; dans les deux premières, le Professeur expose les conditions fondamentales de la production végétale. Après avoir résumé, dans ses grandes lignes, la situation générale de l'agriculture au XXe siècle en s'arrêtant spécialement à l'économie rurale de la France, territoire et population agricoles, répartition des cultures, modes d'exploitation du sol, etc., il étudie l'origine, la formation et la composition générale des sols de notre pays. Il aborde successivement l'étude des principales cultures : céréales, plantes fourragères, prairies ; plantes industrielles : tabac, betteraves sucrières, vigne, etc. Une description sommaire mais précise des procédés culturaux : labours, fumures, semailles, soins culturaux, récoltes, trouve place dans l'étude des diverses plantes qui occupent le sol. Enfin, pour les cultures les plus importantes, il donne des indications sur le commerce, les échanges, la production étrangère, etc.

La troisième année est consacrée à l'économie des animaux de la ferme et au régime alimentaire de l'homme et de ses précieux auxiliaires. Les lois fondamentales de la nutrition des animaux, l'étude des rations nécessaires à l'entretien, au croît, à la production du travail, du lait et de la graisse, permet d'embrasser les connaissances indispensables au cultivateur et à l'éleveur. Des données statistiques sur la population animale des divers pays, sur le commerce international du bétail dans ses rapports avec l'alimentation de la France en viande, en lait, beurre, etc., complètent l'enseignement de cette troisième année.

PROGRAMME DÉTAILLÉ

PREMIÈRE ANNÉE

Généralités. — De la production agricole. Ses principaux facteurs. — Sol. Climat. — Semences; opérations culturales; labours; drainage; irrigations; outillage agricole, etc. — La France agricole. — Superficie; répartition des cultures. — Population agricole. — Comparaison de la France agricole à un siècle de distance.

Origine des sols. — Sols formés en place, sols de transport.

Roches primitives; leur désagrégation.

Sols sédimentaires; leur formation.

Constitution physique et composition chimique des sols.

Matières fertilisantes. — Engrais phosphatés, engrais azotés. Engrais potassiques. Nitrification.

Prairies. — Engazonnement. — Création des prairies permanentes. — Prairies artificielles. — Description des principales sortes de fourrages (graminées, légumineuses). — Semis. — Fumures. — Soins culturaux. — Récoltes. — Ensilage.

Plantes sarclées, pommes de terre, betteraves, etc.

Cultures industrielles : tabac, lin, chanvre, etc. Vignes.

DEUXIÈME ANNÉE

Causes et conditions des progrès de l'agriculture dans le XIXe siècle.

Théorie de l'humus. — Théorie minérale.

La nutrition minérale des végétaux. Cendres des végétaux (Saussure).

Culture dans les sols artificiels. — Culture dans l'eau.

Assimilation des principes minéraux. — Recherches de Bernard Dyer.

Terres noires de Russie.

Recherches de B. Dyer, de Th. Schlœsing, etc. sur l'assimilation de l'acide phosphorique.

L'acide phosphorique et la potasse des sols.

Climatologie générale. — Les climats de la France. — Conditions générales.

Répartition des céréales. — Caractères généraux de leur végétation. Altitude. Latitude, etc.

L'eau et la végétation.

L'eau et les récoltes.

Les récoltes et l'eau atmosphérique.

Consommation d'eau pour les récoltes.

Expériences culturales sur les céréales. (King, etc.)

Influence de la sécheresse sur les récoltes.

Origine des principales céréales.

Place des céréales dans l'assolement.

Production des céréales en France. — Production mondiale du blé, du seigle, de l'orge, de l'avoine, du maïs.

Expériences culturales du Parc des Princes.

TROISIÈME ANNÉE

L'état présent de l'agriculture et l'élevage du bétail.

La matière et la force dans leurs rapports avec la vie animale.

But et rôle principaux des aliments.

Rations alimentaires.

Historique sommaire de l'alimentation.

Expériences sur l'alimentation azotée. — Macaire et Marcet.

Historique de l'alimentation de 1840 à 1860.

Origine de la graisse chez les animaux.

Travaux de Claude Bernard. — Alimentation. — Suc pancréatique.

Origine du sucre chez les animaux. — Sa production.

Appareil digestif chez les animaux. — Ses fonctions.

Digestion stomacale et intestinale.

Ration alimentaire de l'homme.

Équivalence en foin.

Constitution générale des animaux de la ferme.

Expériences sur l'alimentation.

Appareil respiratoire de Pettenkofer.

Statique de la nutrition.

Rations alimentaires. — Leur calcul.

Coefficients de digestibilité des aliments.

Digestibilité des fourrages. — Conditions qui influent sur la digestibilité.

Expériences sur l'alimentation du cheval.

Statique de l'azote.

Expériences sur l'alimentation du cheval de service.

Production du travail.

Les aliments : leur valeur calorifique et la nutrition.

L'alimentation et le travail musculaire.

L'alimentation et l'engraissement.

L'alimentation et la production du fumier.

ÉCONOMIE POLITIQUE ET LÉGISLATION INDUSTRIELLE

Chaire créée par l'ordonnance du 26 septembre 1839 et le décret du 26 octobre 1864.

PROFESSEURS

L'Économie politique a été professée au Conservatoire des Arts et Métiers :

de 1819 à 1832, par J.-Baptiste SAY, titulaire de la chaire d'Économie industrielle créée par ordonnance royale du 25 novembre 1819 ;

de 1839 à 1871, par Louis WOLOWSKI, membre de l'Institut, titulaire de la chaire jusqu'en 1876 ;

de 1871 à 1876 comme suppléant, et depuis le 6 novembre 1876 comme professeur, par M. E. LEVASSEUR (C. ✻), membre de l'Institut, administrateur du Collège de France.

PROGRAMME GÉNÉRAL

1re *année.* — Production et répartition des richesses.

2e *année.* — Circulation des richesses.

3e *année.* — Population, consommation.

Méthode d'enseignement.

1° « M'adressant à un auditoire qui, en général, n'est pas préparé par des études philosophiques aux abstractions de la science, j'ai pensé qu'il fallait avant tout, pour faire comprendre les principes fondamentaux de la science économique, parler une langue claire et simple, et, pour être démonstratif, donner, autant que possible, aux théorèmes une *forme concrète*, c'est-à-dire procéder par des exemples tirés de la vie réelle, et même, quand faire se pouvait, de la vie de l'atelier et du comptoir, les analyser afin d'en tirer l'élément essentiel à observer et n'arriver à l'explication de la formule scientifique qu'appuyé sur des expériences évidentes pour l'auditoire. C'est d'ailleurs ainsi que procédaient dans l'enseignement des Sciences de la matière plusieurs de mes collègues : d'abord l'expérience qui est sensible aux yeux, ensuite la loi qui pénètre dans l'entendement. »

2° « C'est pourquoi aussi, quand le cas le permettait, j'ai cru utile de présenter sommairement un *aperçu historique* de la question doctrinale, de l'institution ou des faits parce que l'expérience du passé aide souvent à comprendre le présent et fait apercevoir l'enchaînement des phénomènes. »

3° « C'est dans la même pensée que j'ai fait et que je fais encore fréquemment appel à la Statistique, sans toutefois surcharger la leçon de chiffres.

« L'histoire et la statistique contribuent à donner une notion plus souple, si je puis ainsi parler, et partant plus réelle et plus vivante des principes économiques. Elles montrent dans quel milieu et par quelle succession se sont produits les phénomènes ; elles assouplissent ainsi la rigueur des démonstrations abstraites. Les lois qui en dérivent, au lieu de se poser comme des dogmes absolus, apparaissent comme une conséquence naturelle ou comme une condition du développement de la civilisation dans une société. Ce que le principe perd en rigidité, il le gagne en vérité.

« L'emploi de la *Statistique* est indispensable dans l'enseignement de l'Économie politique ; mais il doit être fait avec ménagement. Il est impossible, même à un auditoire lettré, de retenir au vol de la parole une longue énumération de chiffres ; le professeur et l'orateur qui les prodiguent peuvent faire illusion sur leur science, mais ils ne font pas une impression durable sur l'esprit de leurs auditeurs. En général, il convient de ne produire que les nombres essentiels, ceux qui caractérisent une situation. Pour les rendre intelligibles et pour permettre aux étudiants de les recueillir exactement dans leurs notes, je les inscris presque toujours sur le tableau noir au moment où je les cite.

« Faire voir pour faire comprendre et faire retenir, est une règle que je me suis imposée dans toutes les publications que j'ai faites pour la réforme de l'enseignement géographique et que je ne crois pas moins utile dans un enseignement populaire de l'Économie politique.

« Sans doute, il est des cas où les séries de chiffres sont nécessaires. Pour les cas de ce genre, j'ai dressé des *tableaux* en style mural et des *graphiques*. J'en possède au Conservatoire des Arts et Métiers près de deux cents que je renouvelle ou complète chaque fois qu'il en est besoin. Sur ces tableaux, je montre avec la baguette, tout en parlant, les quelques nombres essentiels sur lesquels je m'appuie et j'en montre aussi sur le graphique les variations utiles à la démonstration. Grâce à ce procédé, les étudiants studieux peuvent, avant ou après la leçon, copier les séries qui les intéressent sans que la leçon du professeur en soit encombrée. »

4° « Il est bon de parler aux yeux pour fixer les faits et les idées dans l'intelligence. Comme la science économique traite des matières dont plusieurs sont abstraites, le professeur ne doit pas se contenter d'exposer avec le plus de clarté possible les théorèmes ; il doit s'ingénier à présenter sa démonstration sous une forme sensible aux regards afin de la rendre pénétrante. Voici le procédé :

« Chaque leçon a nécessairement une conclusion, une pensée autour de laquelle pivote en quelque sorte le développement de cette leçon et qui la résume. Chaque fois ou presque chaque fois (il y a des leçons qui ne comportent pas l'emploi de ce procédé) j'écris dans mon cabinet en gros caractères cette *conclusion sur un tableau noir*. Ce tableau, porté dans l'amphithéâtre, reste, pendant le temps que je parle, sous le regard de l'auditoire qui voit par conséquent ce que je veux dire et où j'aboutirai. La leçon terminée, je me place devant le tableau et je lis lentement la sentence : c'est ma péroraison. »

5° « En outre, je consacre d'ordinaire la dernière leçon de chaque année *à résumer les principaux traits du Cours*, de manière à les mieux graver dans la mémoire des auditeurs qui me quittent.

« D'autre part, au commencement de chaque année, après la première leçon, dans laquelle j'essaie de faire comprendre en quoi consiste la science économique et quelle place elle occupe dans l'ensemble des sciences sociales, je consacre la seconde à revenir sur le cours de l'année précédente, de manière à lier ensemble les diverses parties de mon enseignement. »

6° « Je n'ai jamais fait une leçon sans l'avoir préparée spécialement et je puis dire que je n'ai jamais fait deux fois tout à fait la même leçon. Pour que l'enseignement intéresse l'auditoire et le saisisse, il faut que le maître s'y intéresse, il faut aussi que sa parole ait de la spontanéité afin d'être communicative ; ce qu'on n'obtient pas par la monotonie d'une récitation. C'est pourquoi, tout en parlant avec un plan détaillé sous les yeux, je m'abandonne entièrement pour la forme à l'improvisation. » (¹)

Programme général du Cours.

1° « On a souvent disserté sur le meilleur ordre à suivre dans une exposition didactique de la science économique. Je suis l'ancien ordre classique, qui, sans être à l'abri de la critique, me paraît suffisamment logique. En voici la quadruple division :

Première phase :	*Dernière phase :*
1° Production.	4° Consommation.
2° Répartition.	

Phase intermédiaire :
3° Circulation.

« On critique cette division. " Comment parler de la production, dit-on, quand on ignore encore ce qu'est la valeur, étalon des échanges dans une société civilisée où le mouvement économique roule sur une série continue d'échanges ? L'Économie politique est la science des valeurs et l'étude de cette double notion doit précéder toutes les autres. " Soit ; mais le désir, qui est d'ordre psychologique, et le besoin, qui est d'ordre éco-

(¹) Nous omettons, faute de place, la partie dans laquelle le Professeur expose l'esprit de son enseignement, comme nous avons omis au début l'historique sommaire qu'il a fait de la Chaire depuis 1819.

nomique, ne précèdent-ils pas l'échange qu'ils provoquent et la valeur ne dépend-elle pas en partie de l'état de la production ? L'école autrichienne a insisté sur ce point.

« On peut prendre la science économique par divers bouts pour dérouler la chaîne des théorèmes qui la composent. Mais aucun de ces bouts n'est indépendant du reste, parce que tout se tient, ou pour mieux dire, tout se pénètre et se mêle dans un mouvement qui est essentiellement complexe ; on est à la fois producteur, consommateur, échangeur. Quand les physiciens expliquent les lois de la pesanteur ou de la chaleur, ils procèdent par abstraction, dégageant d'objets pesants ou chauds la qualité qu'ils veulent étudier. Les économistes procèdent de même quand ils examinent la fonction du capital, le prix des marchandises, la théorie de la moindre action, etc. Il n'y a pas de science possible sans analyse et sans abstraction. Ce qui importe, c'est moins de commencer par tel ou tel bout que de montrer la relation des parties avec le tout, de la qualité avec l'objet, autrement dit, de ramener après l'analyse l'esprit des auditeurs vers la synthèse.

« La *division quadripartite* n'est pas moins logique qu'une autre. On pourrait même se hasarder à dire qu'elle l'est plus ; car on ne saurait échanger sans qu'il y ait eu production préalable, tandis qu'on peut produire et consommer sans échanger : témoin Robinson Crusoé, dont l'économie ne roulait que sur la production et la consommation. Qu'on n'objecte pas que le cas de Robinson, quand il était seul, est anormal, l'économie politique étant éminemment une science sociale ; car il y a eu et il y a encore des sociétés pastorales ou agricoles dans lesquelles les familles vivaient et vivent en très grande partie de leur production domestique.

« Quel que soit le plan que le professeur adopte, il y aura toujours des questions dont la place ne sera pas indubitablement déterminée. Celle de la propriété, par exemple, sera-t-elle dans la production avec le capital, ou dans la répartition avec l'attribution à chacun des fruits de son travail ? La population appartient à la fois à la production, puisqu'elle fournit le travail, et à la consommation, puisqu'elle vit de la richesse.

« Il ne faut pas attacher trop d'importance à ce genre de scolastique. Que chaque professeur place de telles questions là où il trouvera l'occasion opportune : l'important est qu'il les expose clairement.

2° « Tous les auditeurs ne suivent pas le Cours pendant quatre ou cinq ans, ni même pendant deux ans, et, par conséquent, n'ont pas le temps d'examiner avec le professeur les quatre faces du système économique. C'est pourquoi j'ai le soin, quelle que soit la face que j'envisage dans un Cours, de reconstituer de temps à autre par la synthèse, l'ensemble de la vie réelle. J'essaie ainsi de leur laisser une impression juste de cet ensemble par l'enseignement d'une seule année ou, tout au moins, comme je le répète souvent, de leur communiquer, grâce aux procédés d'analyse et de critique dont je leur donne l'exemple, le *sens économique*, c'est-à-dire un fonds de principes et une certaine rectitude de jugement relativement aux choses d'ordre économique. Si j'obtiens ce résultat, l'essentiel est atteint, la base est posée ; l'auditeur qui quitte le Cours muni de ce critérium conservera peut-être pour le reste de sa vie un sens droit sur les matières économiques.

3° « Avant 1881, date de la création du Cours de droit commercial à la rédaction du programme duquel j'ai été appelé à contribuer, je répartissais les matières de l'enseignement en *cinq années : production, répartition, circulation, consommation, législation.*

4° « Le professeur de Droit commercial ayant le loisir de traiter des lois industrielles en même temps que des lois commerciales, j'ai cru inutile de consacrer spécialement une année entière à la législation et j'ai réduit à *quatre années* le cycle de mon enseignement, me réservant de compléter par l'exposé de la législation chacune des matières à mesure qu'elles se présenteraient dans le programme économique.

5° « En 1901, par une mesure générale de l'administration du Conservatoire des Arts et Métiers, tous les professeurs ont été invités à circonscrire leur enseignement dans un *cycle triennal* afin qu'en trois ans d'assiduité tout auditeur pût s'assimiler l'enseignement complet.

J'ai pu faire remarquer que, dans une science d'ordre moral, il importait moins d'avoir entendu une leçon sur chaque matière que de se pénétrer de l'esprit de cette science; que c'est une direction intellectuelle qu'il est utile d'imprimer plutôt qu'un nombre de faits et de théorèmes qu'il faut emmagasiner; que le professeur ne répétant pas les mêmes leçons, les auditeurs d'un cycle n'avaient pas précisément les mêmes connaissances de détail que ceux d'un autre cycle; que l'auditeur d'un an pouvait recueillir de son assiduité un profit et qu'en espaçant sur quatre années son développement le professeur pouvait approfondir davantage les questions et qu'on gagnait en intelligence plus à bien comprendre quelques questions suffisamment approfondies qu'à en effleurer un grand nombre. Cependant, malgré la bienveillance de l'administration qui était disposée à laisser subsister ce cycle quadriennal, je n'ai pas voulu faire exception à la règle générale et j'ai resserré les matières en trois années. »

PROGRAMME DÉTAILLÉ

PREMIÈRE ANNÉE

Production et répartition des richesses.

Définition de l'économie politique. — Relation de la production et de la répartition. — Premières notions sur le salaire. — Le travail servile dans l'antiquité et dans le monde musulman. — Le servage au moyen âge et l'esclavage dans les temps modernes. — L'esclavage des noirs et l'abolition de l'esclavage.

Les causes déterminantes du taux des salaires. — Productivité du travail. — Influence des machines sur les salaires. — Influence de l'état en général de la richesse sur le taux des salaires. — Influence du coût sur le taux des salaires. — Coût de la vie de l'ouvrier et équilibre de son budget. — Concurrence des patrons et des ouvriers. — Influence des coutumes et des institutions sur le taux des salaires. — Le salaire en France avant 1789. — Les salaires et les salariés en 1789. — Variations du salaire en France de 1789 à 1850. — Variations du salaire en France depuis 1848. — Histoire du salaire en France. — Géographie des salaires en France.

Les salaires à l'étranger — Le salaire américain. — La dernière enquête du Commissaire au travail des

États-Unis sur les salaires comparés dans les pays civilisés.

Le travail et le salaire des femmes.

Le chômage.

La durée de la journée de travail.

Les coalitions en France avant la loi de 1864. — Les Trade-unions en Angleterre et aux États-Unis. — Les syndicats professionnels. — Les syndicats en France et à l'étranger.

La rémunération du capital. — Le taux de l'intérêt. — Les variations de l'intérêt du capital.

Le profit de l'entrepreneur. — La participation aux bénéfices. — L'association coopérative de production. — Saint-Simon et Fourier.

DEUXIÈME ANNÉE

Circulation des richesses.

Le caractère scientifique de l'Économie politique et ses origines jusqu'au XVIIIe siècle — L'évolution historique de l'Économie politique. — Aperçu des doctrines économiques depuis J.-B. Say. — Historique des systèmes en matière économique.

L'Échange. — L'offre et la demande. — La notion de valeur.

La théorie de la monnaie. — L'histoire des métaux précieux dans les temps passés et dans les temps modernes. — Emploi des métaux précieux. — Baisse de l'argent.

Le système monétaire français depuis l'an XI. — Le système monétaire de la France et de l'Union latine.

Bimétallisme et monométallisme. — Les monnaies étrangères.

Le prix du blé en France dans les siècles passés. — Le prix des subsistances en France. — Les variations du prix des marchandises et les index numbers.

Le crédit. — Le crédit commercial et les effets de commerce. — L'usage des effets de commerce. — Le rôle des banques. — Les banques d'émission. — Le fonctionnement des banques d'émission. — Les premières périodes de l'histoire de la Banque de France. — Analyse des opérations de la Banque de France. —

Les banques d'émission et les grands établissements de crédit en France et à l'étranger. — Le Crédit foncier de France et les banques étrangères.

La banque de Law et les assignats.

Effets économiques des progrès des moyens de transport en France. — Les voies de communication dans le monde.

Le commerce de la France.

TROISIÈME ANNÉE

Population et Consommation.

Objet et méthode de la science économique. — Résumé de la production, de la répartition et de la circulation.

Les populations du globe. — La statistique et la démographie. — Les naissances et la natalité. — Les mariages. — Les décès. — Les recensements de la population française et la population par âges. — La survie et l'assurance. — La densité. — La population des villes et des campagnes. — Les conditions démographiques des agglomérations urbaines. — Émigration et immigration. — La colonisation française. — Les colonies françaises et leur population au XIXe siècle. — L'état actuel des colonies françaises.

La population de la France comparée à la population des grandes puissances. — La population et l'accroissement comparés de la France et des autres nations. — La comparaison de la fécondité.

La politique de la population. — Les causes de la population. — Les lois de la population. — La population et les aliments en France. — Les consommations autres que les aliments.

La fortune de la France. — Évaluation de la fortune privée. — La fortune de la France évaluée par les biens fonciers et par les successions. — Accroissement des salaires et répartition des revenus.

Le rôle de l'État, ses fonctions. — Le système des impôts sous l'ancien régime. — La contribution foncière. — Les contributions directes. — Les impôts indirects et autres revenus de l'État. — Le budget des dépenses. — La dette publique. — Les finances de la Ville de Paris.

ÉCONOMIE INDUSTRIELLE ET STATISTIQUE

Chaire créée par ordonnance du 25 novembre 1819 et par les décrets des 4 novembre 1854 et 26 octobre 1864.

PROFESSEURS

1819-1832, J.-B. Say, économiste.
1834-1854, J.-Ad. Blanqui, économiste.
1854-1885, J.-F. Burat, économiste.
1885-1893, Alf. de Foville, membre de l'Institut.

Depuis le 14 janvier 1895, M. André Liesse (✻), publiciste, professeur honoraire d'Économie Politique à l'École spéciale d'Architecture de Paris.

PROGRAMME GÉNÉRAL

1re *année*. — Production des richesses. — Étude de ses éléments. — Les agents naturels et l'homme. — Étude des conditions de création et de direction des entreprises industrielles. — Application à l'étude d'industries diverses. — Débouchés.

2e *année*. — Circulation des richesses. — Les échanges et le commerce : leurs éléments. — Voies et moyens de transports. — Routes, chemins de fer, canaux, etc. — Étude générale, étude particulière d'une industrie déterminée de transport.

3e *année*. — A. Circulation des richesses. — Les métaux précieux. — Le crédit. — Le change. — Les banques.

B. Statistique. — Procédés, méthodes, théories et applications.

Note sur l'esprit dans lequel est fait cet enseignement et sur le programme général du Cours.

Préliminaires. Cycle du Cours. — Depuis que nous avons l'honneur d'enseigner au Conservatoire national des Arts et Métiers — c'est-à-dire depuis le mois de janvier 1895 — notre Cours a toujours été conçu dans le même esprit. Une seule modification, de pure forme, a eu lieu et a porté, il y a deux ans, sur la durée du cycle pendant lequel sont examinées les matières. Avant l'année scolaire 1903-1904, le Cours durait quatre années ; depuis il a été réduit à trois ans. Cette réduction n'a eu, du reste, qu'une influence très restreinte sur l'ensemble du programme lui-même. Certaines de ses parties ont été réduites dans leurs détails et dans leurs développements, d'autres ont été réparties sur les trois années du cycle nouveau. En diminuant la durée du cycle des Cours — mesure qui fut générale — on eut surtout en vue de permettre aux auditeurs de suivre un Cours complet sans demeurer un trop grand nombre d'années sur les bancs des amphithéâtres. Mais, en réalité, l'avantage de cette mesure est de renouveler plus souvent l'enseignement et, étant donné l'esprit général de cet enseignement qui est l'exposé de l'application des sciences de tous ordres aux industries, de permettre au professeur de suivre de plus près les progrès si rapides constatés aujourd'hui, et dans la technique industrielle sous ses nombreux aspects, et dans les procédés économiques commerciaux, et dans la législation qui y touche.

Esprit du Cours. Méthode d'exposition.— Ainsi que notre prédécesseur, M. A. de Foville, nous avons conçu l'enseignement à donner dans notre chaire comme devant être la description et l'explication des grands phénomènes de la vie industrielle et commerciale. Il ne s'agissait point pour nous, en effet, d'exposer, suivant la méthode didactique, les théories économiques et d'en déduire les conséquences générales, mais d'étudier l'industrie sur le vif, à la lumière des principes bien établis, et de montrer, dans leurs rouages principaux, les conditions de vie des différentes industries, et, en général, celles de toutes les entreprises d'ordre économique. Les auditeurs de notre Cours : industriels, commerçants, ou employés d'industrie, de banque et de commerce, viennent dans notre amphithéâtre chercher des connaissances susceptibles de les éclairer sur les causes profondes qui font mouvoir le monde économique dont ils sont eux-mêmes, souvent, des éléments inconscients. Et c'est sur des exemples actuels, pris dans des industries différentes, que nous appuyons nos démonstrations, qui sont d'abord des descriptions du mécanisme industriel ou commercial étudié, et, ensuite la critique et l'explication, par les résultats et les faits, des conditions suivant lesquelles se fondent, prospèrent ou déclinent les entreprises industrielles ou commerciales. Ajoutons que nous dirigeons notre enseignement de façon à le faire *un* et à montrer la solidarité qui relie, sous leurs formes diverses, toutes les parties de l'organisme industriel et commercial.

La part de la Statistique dans notre enseignement. — Avant d'exposer le squelette du Cours figuré par notre programme général, il convient de dire — notre chaire étant, non seulement une chaire d'*Économie industrielle*, mais aussi de *Statistique* — comment nous avons compris ce que devait être à cet égard notre enseignement. Nous ne pouvions nous borner à faire de la « Statistique » dans les tableaux ou diagrammes que nous présentons et commentons à notre auditoire presque dans toutes nos leçons. Dans tout enseignement économique, il y aurait ainsi, forcément, de la Statistique. Or, il nous a paru que c'était surtout la méthode statistique et ses procédés divers qu'il importait d'exposer et de critiquer. Il est en effet utile d'apprendre aux auditeurs qui, chaque jour, dans l'industrie ou le commerce, usent de statistiques ou de renseignements de cet ordre, à peser la véritable valeur des documents consultés, et, pour cette fin, de leur en montrer les défauts en décrivant les moyens avec lesquels on les a établis.

PREMIÈRE ANNÉE

La première année est consacrée à l'étude de la production. Le programme général est ainsi rédigé pour cette première année :

Production des richesses. — Étude de ses éléments. — Les agents naturels et l'homme. — Étude des conditions de création et de direction des entreprises industrielles. — Application à l'étude d'industries diverses. — Débouchés.

C'est là un canevas dans lequel pour établir, tous les trois ans, le programme spécial et détaillé d'enseignement, nous intercalons des matières actuelles, des questions qui, à ce moment-là, attirent plus particulièrement l'attention. Nous suivons donc, dans leurs manifestations successives, les phénomènes de la production. C'est ainsi, par exemple, qu'en 1903-1904 nous nous sommes étendus sur les trusts, cartells, syndicats et que nous avons pris comme étude d'application l'industrie minière où les conditions du travail s'étaient depuis quelque temps modifiées en France.

DEUXIÈME ANNÉE

Après la production, exposée au cours de la première année du cycle, nous étudions pendant la deuxième année la circulation des richesses envisagée dans sa forme matérielle, ainsi que le montre le programme général :

Circulation des richesses. — Les échanges et le commerce : leurs éléments. — Voies et moyens de transports. — Routes, chemins de fer, canaux, etc. — Étude générale, étude particulière d'une industrie déterminée de transport.

Là, encore, nous intercalons les questions qui nous paraissent devoir être examinées pour que nos auditeurs soient *au courant* de l'évolution de l'industrie des transports. Cette année 1904-1905, nous nous sommes attachés, dans quelques leçons, à montrer les résultats industriels de l'automobilisme. Nous avons aussi étudié le Transsibérien, en raison de l'importance qu'il a prise par suite d'événements récents. Enfin la question de la concurrence des chemins de fer et des canaux nous a occupés pendant un certain nombre de leçons.

TROISIÈME ANNÉE

La troisième année, nous traitons des métaux précieux, du crédit et des banques, suivant toujours le programme général :

A. *Circulation des richesses.* -- Les métaux précieux. — Le crédit. — Le change. — Les banques.

B. *Statistique.* — Procédés, méthodes, théories et applications.

Comme pour les deux premières années, nous renouvelons le Cours dans l'exposé des faits, puisque, pendant les trois ans écoulés, il s'est presque toujours produit des événements nouveaux. Mais il est des matières qui demeurent comme des bases fondamentales dans notre exposé; telles sont la Banque de France, la Banque d'Angleterre, le Crédit Foncier, etc.

On remarquera que la dernière partie du programme de la troisième année comprend un exposé théorique et pratique des méthodes statistiques.

En résumé, les trois années du Cours sont bien consacrées à l'étude des questions d'ensemble indiquées par le programme général, mais les programmes se trouvent chaque année rajeunis en quelque sorte par les exemples que nous puisons comme des leçons de choses, parmi les faits actuels les plus notables.

ASSURANCE ET PRÉVOYANCE SOCIALES

Chaire créée par décret du 19 mai 1900.

PROFESSEUR

Depuis le 1er octobre 1900, M. L. MABILLEAU (O. ✻), correspondant de l'Institut, directeur du Musée social.

PROGRAMME GÉNÉRAL

1re *année*. — L'assistance sociale.

2e *année*. — La prévoyance sociale.

3e *année*. — L'assurance sociale.

PROGRAMME DÉTAILLÉ

PREMIÈRE ANNÉE

L'assistance dans les rapports avec la prévoyance et l'assurance.

Les diverses formes de l'assurance sociale.

L'assistance privée.

Assistance et mutualité maternelles.

L'assistance au premier âge.

Les œuvres protectrices de l'enfance.

Les maladies de l'enfance et l'assistance.

Les premiers pas de l'enfant entre l'assistance et la prévoyance.

Orphelinats.

L'enfant abandonné.

L'enfance criminelle, préservation et relèvement.

Le patronage familial.

L'assistance aux adultes.

L'hôpital.

L'assistance à la vieillesse : principes, moyens.

Critique du projet de loi sur l'assistance obligatoire.

La loi belge de l'assistance.

L'organisation actuelle de l'assistance en France : les aliénés, incurables, aveugles, sourds-muets. — Hospices et asiles de vieillards.

DEUXIÈME ANNÉE

La prévoyance sociale.

Les caisses d'épargne.

Les caisses françaises ; leur législation.

L'emploi des fonds des caisses d'épargne.

Les caisses d'épargne de l'État.

Les caisses d'épargne libres.

Les réformes des caisses d'épargne.

Les caisses d'épargne. Les emplois sociaux des fonds.

Vue générale sur les emplois productifs de l'épargne populaire.

Le crédit personnel et mutuel.

Le crédit populaire en France, en Allemagne, en Italie.

Banques populaires italiennes.

Le crédit agricole en Italie.

L'évolution générale de la prévoyance.

L'utilisation de l'épargne et la question du logement.

La consommation et l'épargne.

L'épargne et la vie professionnelle.

L'épargne et la production ouvrière.

L'épargne et la vie agricole.

L'épargne et les crises de la vie ouvrière. Les assurances ouvrières. Les initiatives, organes.

L'assurance de la maladie en France.

Unions et fédérations de mutualités.

L'assurance de la maladie à l'étranger.

L'assurance de la vieillesse en France. Retraites patronales. — Retraites mutualistes. — Retraites obligatoires.

L'assurance de la vieillesse à l'étranger.

L'assurance en cas de décès. L'assurance contre le chômage.

De l'utilité générale des institutions fondées sur l'épargne, la prévoyance et l'hygiène sociales.

TROISIÈME ANNÉE

La société et l'intervention sociale.

Le domaine de l'assurance sociale.

Part de la science dans l'assurance.

Les risques de la vie ouvrière et l'assurance sociale.

Le risque de maladie.

L'assistance publique contre la maladie et ses conditions générales.

L'assistance privée contre la maladie.

Conditions générales de l'assurance contre la maladie en Allemagne, en Angleterre et aux États-Unis.

Organisation et statistique des " Friendly Society ".

Les assurances contre la maladie en Belgique.

L'assurance libre contre la maladie en Belgique. Syndicats et corporations.

L'assurance contre la maladie en France.

La mutualité en France.

Les problèmes soulevés par l'assurance mutuelle contre la maladie.

L'assurance contre les accidents en Allemagne. — Organisation financière, système de la répartition annuelle des charges. — Extension, progression de l'assurance, lois de 1886, 1887, etc.— Coefficients de risques.

L'assurance contre les accidents du travail en Autriche. — Organisation financière.

L'assurance contre les accidents en Norvège.

Législation des accidents en Angleterre.

La réparation des accidents en Italie, en Espagne.

La législation des accidents en Espagne, Suisse, Hongrie, Hollande, Danemark.

L'assurance contre les accidents en Danemark, en Suisse, en Finlande, en Hollande et en Grèce.

L'assurance contre les accidents et la législation sur la responsabilité en Europe.— Récapitulation et vues d'ensemble. — Loi de 1898. — Historique.]

Les projets actuels de modifications de la législation sur les accidents.

L'assurance contre le chômage.

L'assurance contre la vieillesse.

L'assurance sur la vie et ses modalités.

L'assurance vie et décès par la mutualité.

HISTOIRE DU TRAVAIL

Chaire créée par décret du 19 mai 1900, fondation de la Ville de Paris.

PROFESSEUR

Depuis le 1er octobre 1900, M. Georges Renard, ancien élève de l'École normale supérieure, professeur honoraire de l'Université de Lausanne, membre du Conseil supérieur de Statistique.

PROGRAMME GÉNÉRAL

1re *année.* — Le travail dans les sociétés primitives et dans l'antiquité. — Le système patriarcal. — Le régime de l'économie domestique fermée.

2e *année.* — Le travail au moyen âge. — Les corporations de métiers. — Le régime de l'économie urbaine.

3e *année.* — Le travail dans les temps modernes. — Le système capitaliste. — Le régime de l'économie nationale et internationale.

A partir du mois de novembre 1902, conformément aux décisions prises par M. le Ministre du Commerce, le programme de mon Cours a été distribué de façon à former un cycle de trois années.

Voici cette distribution :

1° *Le travail dans les sociétés primitives et dans l'antiquité ;*

2° *Le travail au moyen âge ;*

3° *Le travail dans les temps modernes.*

Je disais dans ma leçon [1] d'ouverture :

« L'histoire du travail ! Quel champ d'étude immense, admirable et effrayant ! N'est-ce pas l'histoire de l'humanité entière dans ce qu'elle a de plus noble et de plus fécond ? N'est-ce pas la longue évolution de cet effort intelligent et tenace par lequel l'homme se rend peu à peu maître de la nature et de lui-même ? N'est-ce pas le récit de cette ascension lente et incessante qui de la sauvagerie presque bestiale l'élève par degrés à la royauté de la terre, aux joies austères de la science, aux pures extases de l'art, à l'auguste souci de la justice et de la liberté ?

Assurément, c'est une belle épopée à conter que celle-là ; quoiqu'elle soit éminemment pacifique, les épisodes héroïques, les victoires glorieuses n'y font pas défaut. Mais c'est aussi un écheveau pénible à débrouiller, un engrenage de causes et d'effets difficile à dérouler... L'historien aborde avec tremblement ce colossal ensemble. »

---

[1] *Revue internationale de l'enseignement* (15 décembre 1900).

Au sens littéral du mot, l'histoire du travail pourrait, en effet, embrasser toute la civilisation humaine. Tout n'y est-il pas le fruit du labeur musculaire ou cérébral des hommes, depuis les chefs-d'œuvre des artistes et les systèmes des philosophes jusqu'aux murs qui entourent les villes et aux moissons qui mûrissent dans les champs. Mais conter tout cela en trois années serait une tâche démesurée et impossible. Il faut de toute nécessité restreindre la signification du mot *travail* et je l'ai définie ainsi : « L'activité consciente appliquée par l'homme à la satisfaction de ses besoins matériels. »

Ainsi réduit, le domaine ouvert aux investigations de l'historien demeure encore d'une étendue formidable, étant donné qu'il doit le fouiller dans tous les temps et dans tous les pays.

Il a d'abord à suivre l'évolution de l'outillage. Non pas qu'il ait à entrer dans le détail de chaque métier, ce qui exigerait de lui une compétence à la fois spéciale et universelle. Mais il doit noter au passage les grandes inventions, celles qui ont amené des changements dans la technique. Il manœuvre ainsi dans un espace, qui d'un côté touche à la science, et qui confine à l'art de l'autre côté !

Il doit ensuite dérouler les phases par lesquelles a passé l'organisation du travail, montrer comment ont été réglés la production, l'échange et la répartition de la richesse, quels ont été les rapports de la constitution économique avec celle de la famille et de la société en général.

Son attention doit se porter surtout sur la classe laborieuse, sur les changements qui se sont produits dans la condition des travailleurs, libres ou esclaves, campagnards ou citadins, artisans ou commerçants, patrons ou bien ouvriers.

Enfin, sans négliger aucune époque, aucune contrée, il a le droit et même le devoir d'accorder une place plus grande aux temps modernes, à l'Europe et à la France.

A ces idées directrices, il convient d'en ajouter d'autres qui dépendent de la nature même de l'enseignement au Conservatoire. Cet enseignement a un double caractère : il est supérieur et populaire.

Par suite, il faut qu'il soit scientifique, solidement documenté, mais qu'il procède à grands traits, qu'il soit un essai provisoire de synthèse, qu'il classe et condense les faits en formules générales.

Il faut aussi que, sans vaine déclamation, il soit animé d'une sympathie vive et franche pour ceux qui travaillent et qui font la prospérité, la force et la santé des nations.

La forme ne peut en être que simple et familibre. Il faut parler à l'esprit par la netteté du plan et par la précision du détail ; il faut parler aux yeux, chaque fois que la chose est possible, par des tableaux statistiques et des courbes, et compenser l'aridité forcée de certains passages par l'indication des ressources qu'offrent les musées et collections.

Il m'a paru également utile d'établir des communications régulières entre les auditeurs et le professeur, en réservant à la fin de chaque leçon quelques minutes, où, le monologue devenant dialogue, des points obscurs peuvent être éclaircis et des renseignements trop brefs complétés.

Telle est la façon dont j'ai compris le Cours qui m'est confié et je n'ai plus maintenant qu'à en donner le programme détaillé.

PROGRAMME DÉTAILLÉ

PREMIÈRE ANNÉE

Sociétés primitives et antiquité.

a) *La préhistoire.* — L'alimentation : Chasse, pêche, cueillette. Les premières inventions ; la découverte du feu. L'habitation et le vêtement : commencements de l'industrie. La domestication des animaux et la naissance de l'agriculture. Les premiers moyens de transport et de locomotion par terre et par eau ; les origines du commerce. Rapports du travail avec la musique, la danse, la poésie. Division du travail par sexes, par classes, par professions. Pauvres et riches. Hommes libres et esclaves. Début de la période historique.

b) *Le travail dans l'Egypte ancienne*, à Ninive, à Babylone, à Tyr, à Carthage, chez les Hébreux, dans l'Inde et dans la Perse.

c) *La Grèce.* — Son évolution économique depuis les temps homériques jusqu'au siècle de Périclès. Le passage du système patriarcal au système ploutocratique. La démocratie, les théories et les révolutions sociales dans les cités grecques. Effets économiques et politiques de l'esclavage. Condition des esclaves et des travailleurs libres. La science et les changements techniques à l'époque alexandrine. Fin de la Grèce indépendante.

d) Rome. — Ses commencements. Lutte économique et politique des patriciens et des plébéiens. Agriculture, commerce, industrie dans les premiers siècles de la République. Les lois agraires et les Gracques. Croissance et organisation de l'esclavage; les guerres serviles. La société romaine au moment où se fonde l'Empire. Le travail au temps des empereurs, à Rome, dans les provinces, et, en particulier, dans la Gaule. L'esclavage dans ses rapports avec la philosophie, le christianisme et la loi. Grands changements sociaux qui s'opèrent vers le temps de Dioclétien. Le travail et la propriété chez les Germains avant les invasions. Dissolution de l'Empire romain.

DEUXIÈME ANNÉE

Moyen âge.

Vue d'ensemble sur les trois mondes qui évoluent alors côte à côte dans le bassin de la Méditerranée.

a) *L'orient chrétien.* — L'empire byzantin. Persistance et décadence de la civilisation antique.

b) *Le monde musulman.* — Principaux caractères de la civilisation arabe. Ce que l'Europe lui doit. Causes qui l'ont arrêtée.

c) *L'occident de l'Europe.*

Première période, qui dure jusque vers la fin du XIIIe siècle :

La propriété foncière après les invasions ; le régime domanial et l'économie domestique fermée. Hiérarchie des terres et des hommes libres ; le régime féodal. Le travail et l'Église. Les villes et l'économie urbaine. L'origine des corporations et leur part dans l'émancipation municipale.

L'INDUSTRIE. — Communautés de métiers, confréries et travail libre. Maîtres, compagnons, apprentis. Administration et rapports des corporations avec l'autorité publique. Procédés et produits industriels de l'époque.

LE COMMERCE. — Son évolution. Ses grandes voies. Activité que lui impriment les croisades. Petit et grand commerce. Foires, marchés, halles — hanses et compagnies marchandes, etc. Idées directrices de la politique commerciale du temps.

L'AGRICULTURE. — Procédés, instruments, produits. La pêche, la chasse, les animaux domestiques, les cultures nouvelles. La condition des paysans. La diminution du servage.

Deuxième période. De la fin du XIIIe siècle au début du XVIe :

Dissolution du régime féodal. Essais de révolution sociale en Europe pendant le XIVe siècle. Transformation économique et politique de la société. Formation de grands États monarchiques. Rudiments d'une économie nationale. Développement du commerce et de la richesse mobilière. Extension du marché par l'agrandissement des États et par les découvertes géographiques. Les artisans subordonnés aux marchands. Changements dans la corporation amenés par la prédominance de l'argent : maîtrise presque héréditaire, compagnonnage, franc-maçonnerie. Apparition des machines et de la grande industrie. Origines du capitalisme.

Détail de cette évolution générale dans les différents pays : France, Angleterre, Pays-Bas, Italie, Espagne, Allemagne.

d) Les civilisations du Nouveau Monde (Mexique et Pérou) avant leur entrée en contact avec l'Europe. Premières conséquences de ce contact. Commencement d'une ère nouvelle.

TROISIÈME ANNÉE

Temps modernes.

Coup d'œil sur l'évolution du capitalisme (¹). Il est tour à tour *urbain, national, international.*

a) Première période : De la fin du XVe siècle au dernier tiers du XVIIIe. — Conséquences économiques des découvertes géographiques, de la Renaissance et de la Réforme. Décadence des pays catholiques, essor des pays protestants. La France entre les deux.

XVIIe siècle. Développement commercial de la Hollande et de l'Angleterre. Arrêt de l'Allemagne après la guerre de Trente ans. Grand rôle de la France à cette époque. Henri IV. Richelieu. Colbert. Conséquences de la révocation de l'Édit de Nantes et des guerres de Louis XIV.

Le système colonial européen. Accroissement considérable du commerce dans les deux premiers tiers du XVIIIe siècle ; changements profonds dans les théories et la politique économiques. Décadence du régime des corporations et des États fermés. Le mouvement libéral et cosmopolite.

b) Deuxième période : De la fin du XVIIIe siècle jusqu'à nos jours. — Le XIXe siècle à vol d'oiseau. Mouvement égalitaire, national et international. La science :

(¹) La leçon d'ouverture de ce Cours a été publiée par la *Revue politique et parlementaire* (décembre 1904).

les principales applications de la chimie et de la mécanique (Vapeur, électricité, etc.). Transformation des moyens de transport et de l'outillage industriel et agricole.

Le commerce. — Son énorme accroissement. Déplacement des voies commerciales. Le commerce de détail : grands magasins et sociétés coopératives de consommation. Le grand commerce : la marine marchande ; la colonisation et ses nouvelles méthodes. Les communications par terre et par eau : luttes de tarifs. L'extension du marché et les conséquences qu'elle entraîne : nivellement des prix, combat du libre échange et du protectionnisme, développement des organes commerciaux d'information, de crédit, d'association. Action du commerce sur l'industrie, l'agriculture, la politique.

L'agriculture. — La pêche, la chasse, l'élevage. Extension des cultures dans les pays vieux et dans les pays neufs. Modification des procédés et instruments. La grande et la petite propriété. Changement dans la condition des travailleurs de la campagne. Fin du régime féodal. Abolition de l'esclavage et du servage.

L'industrie. — Les résultats de la production mécanique. Multiplication des produits et baisse de leur prix. Persistance et déclin des modes de production antérieurs. Évolution de la vie ouvrière au XIXe siècle. Développement parallèle de la grande industrie et du paupérisme dans la première moitié du siècle. L'économie sociale et son œuvre dans les cinquante dernières années. Sous l'action de certains patrons, de l'État ou des communes et des associations ouvrières, changements dans les conditions du travail (salaires, durée, sécurité, confort, etc.). Conflits entre patrons et ouvriers. Efforts pour abolir le salariat. Le socialisme.

c) Le travail au début du XXᵉ siècle. Situation comparée des différentes nations au point de vue économique.

ÉCONOMIE SOCIALE

Cours créé par décret du 26 octobre 1894.

CHARGÉ DE COURS

Depuis le 26 octobre 1894, M. P. Beauregard, député, professeur à la Faculté de droit de Paris.

PROGRAMME GÉNÉRAL

1re *année*. — Législation du salaire et du contrat de travail.

2e *année*. — Le salaire et ses modalités. — Participation aux bénéfices. — Habitations ouvrières. — Associations coopératives. — Caisses d'épargne.

3e *année*. — L'assurance et l'assistance.

Le Cours d'Économie sociale comprend l'étude de cette partie des arrangements sociaux, réalisés ou proposés, qui vise la situation des personnes vivant de leurs salaires.

Le professeur y examine le contrat de travail et les conditions légales ou économiques selon lesquelles le salaire découle de ce contrat. Il traite ensuite : des mesures de protection relatives, soit au salaire lui-même, soit surtout aux salariés à l'occasion de la formation du contrat de travail ou de son exécution, des droits reconnus ou à reconnaître aux parties contractantes et du meilleur emploi de ces droits.

Viennent ensuite la série des procédés qui, s'ajoutant aux salaires, peuvent améliorer le sort du salarié et celle des moyens par lesquels d'autres combinaisons peuvent être substituées à celle du salariat.

Le salaire obtenu, il est désirable que la prévoyance en absorbe une part : l'épargne, la mutualité, l'assurance sous toutes ses formes constituent les procédés principaux permettant de tendre vers ce but. Les collectivités diverses, et au premier rang, parmi elles, l'État, ont des devoirs qu'il est nécessaire de déterminer et de préciser.

Enfin, l'insuffisance du salaire ou l'inaptitude au travail engendrent des misères que la société doit secourir. L'assistance est ainsi le dernier terme actuel de l'étude de l'Économie sociale dans les sociétés modernes.

Le professeur, au cours de son enseignement, s'efforce de faire connaître, aussi exactement que possible, à son auditoire, l'état de la législation sur chacun des points qu'il traite. Sans aller jusqu'à une aride discussion des textes, il expose les règles établies par les lois, décrets et règlements ; il les justifie ou les critique en s'aidant de la législation comparée, des lois économiques générales et des données de la Statistique. Il montre enfin comment les résultats obtenus permettent d'envisager des solutions nouvelles. Chaque institution est ainsi étudiée dans ses origines, dans son état actuel et dans les projets de réforme qu'elle suscite.

Le professeur estime d'ailleurs qu'un tel enseignement doit être inspiré par un esprit de très large tolérance et de haute impartialité. En présence d'idées ou de propositions souvent fécondes, parfois excessives, toujours passionnantes, la critique doit se dégager du parti-pris. Il s'agit d'exposer les résultats acquis, les chances ou les difficultés de combinaisons nouvelles, de manière à permettre à l'auditeur de se faire une opinion raisonnée. Il ne saurait être question, de la part du professeur, d'imposer à ceux qui l'écoutent ses opinions personnelles.

PROGRAMME DÉTAILLÉ

PREMIÈRE ANNÉE

Législation du salaire et du contrat de travail.

Introduction. L'Économie sociale. Son but. Ses procédés.

Le contrat de travail. Son histoire.

Le contrat de travail. Sa réglementation.

Comment se fixent économiquement les conditions du contrat.

Droits reconnus par la loi aux contractants.

De la compétence (Conseils de Prud'hommes).

Protection du salaire de l'ouvrier (Droit de rétention. Privilège. Action directe, etc.).

De la saisie-arrêt sur les salaires et petits traitements.

De l'incessibilité. Du homestead.

Modes et époques de paiement du salaire. Durée et rupture du contrat.

De la tutelle des faibles en matière de contrat de salaire. Du contrat d'apprentissage.

La limitation du temps de travail, en France et à l'étranger.

De la responsabilité des accidents du travail. L'évolution juridique aboutissant à la théorie du risque professionnel.

Loi de 1898 et textes subséquents appliquant la théorie du risque professionnel à diverses catégories d'industries. La généralisation future du principe.

Coalitions et grèves.

La conciliation et l'arbitrage.

Les Syndicats professionnels, en France et à l'étranger. Leur histoire. Leurs droits. Leur rôle actuel et leur rôle futur. — Le placement.

DEUXIÈME ANNÉE

Le salaire et ses modalités. Participation aux bénéfices. Habitations ouvrières. Associations coopératives. Caisses d'épargne.

Salaire à la tâche. Primes. Échelle mobile. Majoration des salaires.

Participation aux bénéfices. Étude des principaux cas. Résultats obtenus. Conditions d'un modèle type. Projets de participation obligatoire.

Instruction. Moralité. Hygiène.

L'habitation ouvrière. La petite maison.

Le petit logement.

Les œuvres en France, notamment à Lyon.

Les habitations ouvrières à l'étranger, notamment en Angleterre et en Belgique.

La coopération. Son histoire. Ses principes.

La coopération de consommation.

La coopération de crédit à l'étranger.

La coopération de crédit en France.

La coopération de production. Son avenir possible. L'école de la coopération.

La prévoyance. L'épargne; sa comparaison avec l'assurance.

Les caisses d'épargne. Leur caractère économique. Les conditions essentielles de leur fonctionnement.

L'histoire des caisses d'épargne, en France et à l'étranger.

Caisses nationales et caisses privées.

La législation française actuelle sur les caisses d'épargne.

De la réforme de la législation française sur le caisses d'épargne.

Les caisses d'épargne à l'étranger. Conclusion.

TROISIÈME ANNÉE

L'Assurance et l'Assistance.

L'assurance. Sa portée économique. Ses principes généraux.

Les Sociétés de secours mutuels. Histoire de la mutualité.

La législation française jusqu'en 1850.

La loi de 1850 et le décret de 1852.

La loi du 1er avril 1898. Sociétés libres. Sociétés approuvées. Sociétés reconnues comme établissements d'utilité publique. Leurs droits. Leurs obligations. Les subventions de l'État.

Le développement de la mutualité en France et à l'étranger. Son avenir.

L'État et l'assurance. Retraite des fonctionnaires. Caisse des Invalides de la marine. Caisses diverses.

L'assurance obligatoire. État de la question.

L'assurance obligatoire en Allemagne et en Autriche.

L'assurance obligatoire en France.

L'assistance. Son principe. Assistance légale et assistance publique.

L'assistance publique à Paris.

Les hospices à Paris.

L'assistance communale dans les campagnes.

L'assistance départementale.

L'assistance médicale gratuite. L'assistance privée.

DROIT COMMERCIAL

Cours créé par décret du 26 octobre 1894.

CHARGÉ DE COURS

Depuis le 26 octobre 1894, M. E. ALGLAVE (✻), professeur à la Faculté de droit de Paris.

PROGRAMME GÉNÉRAL

1re *année*. — Les actes de commerce. — Les commerçants. — Les différents modes de paiement. — La lettre de change.

2e *année*. — Les diverses espèces de sociétés. — Le transport.

3e *année*. — Les opérations des bourses de valeurs et de marchandises. — Les faillites.

PROGRAMME DÉTAILLÉ

PREMIÈRE ANNÉE

Comment se forme le droit.
Le droit civil et le droit commercial.
Pourquoi y a-t-il un droit commercial?
Caractères généraux du droit commercial.
Qu'est-ce que le commerce?
Les commerçants.
Les actes de commerce.
Les principes du paiement.
Le paiement en droit civil.
Le paiement chez les commerçants.
Les différents modes de paiement dans le commerce.
La monnaie métallique.
Les paiements en monnaie métallique.
Le billet de banque.
Le chèque.
La lettre de change
Paiement par titres au porteur.

DEUXIÈME ANNÉE

L'évolution croissante de l'association.
Les sociétés commerciales et les associations.
Les premières formes de sociétés.
Création de sociétés.
Les différentes formes de sociétés.
Sociétés en participation.
Sociétés en nom collectif.
Sociétés en commandite.
Les sociétés anonymes.
Sociétés de charbonnages.
Sociétés coopératives.
Diverses espèces d'actions.
Les actions des sociétés anonymes.
Émission des titres au porteur.
Assemblées d'actionnaires.
Nullités des sociétés.
Les diverses entreprises.
Les entreprises de transports.

TROISIÈME ANNÉE

Les opérations des Bourses de valeurs et de marchandises.

Marchés au comptant. Marchés à terme.

Les opérations de banque et de change.

Les opérations maritimes.

Les faillites. — Comparaison du Droit commercial et du Droit civil.

La faillite et la déconfiture.

La liquidation judiciaire.

Les principes de la faillite.

La Masse dans la faillite.

Les fonctions des syndics.

Vérification des créances.

Le concordat et l'union des créanciers.

La période suspecte avant la faillite.

Les donations et paiements pendant la période suspecte.

Droits des différentes espèces de créanciers.

Répartition entre les créanciers.

La banqueroute.

HYGIÈNE INDUSTRIELLE

Par arrêté ministériel du 13 Juillet 1905, M. le Dr F. Heim, professeur agrégé à la Faculté de Médecine de Paris, docteur ès sciences, a été chargé, pour une période de trois années, de l'enseignement de l'Hygiène industrielle au Conservatoire national des Arts et Métiers.

PROGRAMME GÉNÉRAL

A. — Hygiène industrielle générale.

Les bases biologiques de l'Hygiène industrielle.

Les modes de travail, les facteurs du milieu industriel dans leurs rapports avec l'hygiène.

Conditions hygiéniques générales du travail dans l'industrie.

Hygiène privée de la vie ouvrière.

L'industrie et l'hygiène de voisinage.

B. — Hygiène industrielle spéciale.

Conditions et améliorations hygiéniques du travail dans les diverses industries.

Aperçu sur le programme général du Cours d'Hygiène industrielle et la méthode d'enseignement adoptée.

Une étude complète de l'Hygiène industrielle comprend naturellement :

a) L'étude des conditions et améliorations hygiéniques du travail dans les usines et dans les ateliers ;

b) L'étude de l'hygiène privée de la vie ouvrière ;

c) L'étude du retentissement du travail industriel sur l'hygiène de voisinage.

L'Hygiène industrielle est la science de rendre compatible le travail dans l'industrie avec le maintien de l'intégrité des fonctions normales de l'organisme chez tous ceux qui vivent dans le milieu industriel ou en ressentent l'influence de voisinage.

Son étude suppose une connaissance, au moins sommaire, du mécanisme des grandes fonctions de l'organisme humain.

M'adressant à un auditoire composé en grande majorité de personnes étrangères aux études biologiques, j'ai estimé qu'il importait avant tout de donner cette connaissance comme base de l'enseignement de l'hygiène dans l'industrie.

Partant d'un fait concret que l'anatomie met sous les yeux, ou que l'expérience physiologique démontre, il est possible, par une analyse très brève, de dégager le schéma de la loi qui régit la fonction.

Ce schéma gravé dans l'esprit, il devient facile de préciser l'influence qu'exercent sur les grandes fonctions de l'organisme humain les divers modes de travail et les divers facteurs du milieu industriel : agents physiques et chimiques, poisons, poussières, ...

L'acquisition de notions sommaires sur les maladies professionnelles permet de poser les bases de leur prophylaxie rationnelle.

L'hygiène du travailleur de l'industrie, au cours du travail, ne serait rien sans l'hygiène de sa vie privée, en dehors de l'industrie ; l'étude de cette hygiène privée de la vie ouvrière embrasse naturellement celle des moyens d'accroître le bien-être physiologique du travailleur.

L'étude des bases biologiques de l'hygiène dans l'industrie et des moyens généraux de l'assurer constitue l'Hygiène industrielle générale, introduction nécessaire à l'Hygiène industrielle spéciale.

Celle-ci est l'étude monographique des conditions et améliorations hygiéniques du travail dans les diverses industries (en insistant sur les industries particulièrement insalubres) et de leur retentissement sur l'hygiène du voisinage.

Le Cours d'Hygiène industrielle se trouve naturellement divisé en deux parties : la première relative à l'Hygiène industrielle générale, la deuxième à l'Hygiène industrielle spéciale.

Les matières de l'Hygiène industrielle spéciale se trouveront réparties sur trois années.

Mais comme il importe moins, en somme, à l'auditeur assidu d'emporter une connaissance particulière des préceptes hygiéniques propres à chaque industrie que d'être pénétré de l'esprit de l'hygiène, c'est au cours des leçons introductives d'hygiène industrielle générale qu'il apprendra à penser hygiéniquement, à quelque branche de l'industrie qu'il consacre ses efforts.

La première partie du Cours s'adresse, en somme, au monde de l'industrie tout entier ; la seconde partie s'adresse plus particulièrement aux spécialistes.

La méthode générale d'enseignement de l'Hygiène industrielle au Conservatoire me paraît devoir s'inspirer de quelques idées directrices simples et pratiques.

La nature même de l'enseignement du Conservatoire est d'être à la fois supérieur et populaire.

Sans rien perdre de sa précision scientifique et de la solidité de sa documentation, l'enseignement de l'Hygiène industrielle doit donc procéder à grands traits ; condenser, autant que faire se peut, la leçon qui se dégage des faits partiels en formules générales et simples.

Il doit revêtir un caractère essentiellement concret et expérimental.

Faire voir pour faire comprendre et pour faire retenir, telle est, à mon sens, la formule d'enseignement qui s'impose.

D'où l'emploi constant, comme moyens de démonstration, de dessins, tableaux, modèles, projections fixes ou animées. Pour accentuer ce caractère pratique, le Cours se trouvera complété, dans la mesure du possible, par des visites aux usines permettant de juger, *de visu*, de l'influence de telle installation sur les conditions hygiéniques du travail. Je m'efforcerai, d'autre part, d'initier les élèves les plus assidus ou les mieux préparés au maniement de divers instruments de contrôle destinés à la caractérisation d'éléments nocifs dans le milieu industriel, ou à l'appréciation de troubles physiologiques survenant chez l'ouvrier, du fait de son travail.

Les divers auditeurs du Cours : industriels, ingénieurs, contremaîtres, ouvriers, médecins spécialisés dans l'étude des maladies professionnelles trouveront ainsi la documentation précise et pratique à côté de la leçon générale.

Afin de dégager les conséquences hygiéniques des opérations industrielles, il importe de mettre en évidence, par un simple schéma, le mécanisme de production ou d'action de l'agent nocif, la nature du mode de travail dont on recherche la conséquence physiologique.

En raison des incessantes modifications ou substitutions de procédés, il est indispensable que chaque année la matière du cours soit revisée, avec l'aide de spécialistes, de façon à n'envisager que les procédés industriels actuellement en usage en France, ou qu'il serait bon, hygiéniquement parlant, d'emprunter à l'étranger.

Certains procédés n'ont plus qu'un intérêt historique, mais leur étude permet de retracer l'histoire hygiénique d'une industrie, les progrès qui y furent réalisés dans les conditions hygiéniques du travail. Ces documents rétrospectifs peuvent illustrer, de la manière la plus démonstrative, une vue d'ensemble sur les progrès acquis ou à acquérir, en matière d'hygiène de l'industrie.

Le Cours est divisé en trois séries de leçons, correspondant à 3 années scolaires, et dont chaque série forme un ensemble homogène groupant toutes les connaissances hygiéniques relatives à un groupe naturel d'industries. L'auditoire se renouvelant partiellement chaque année, des leçons d'Hygiène générale devront être présentées à chaque début de Cours, comme l'introduction nécessaire aux études spéciales qui feront l'objet de sa deuxième partie.

Il y a lieu cependant de spécifier que, chaque année, la 1re partie du Cours ne se reproduit pas identique à elle-même ; sans lui faire rien perdre de sa généralité, je m'applique plus particulièrement à la faire servir d'introduction à l'hygiène spéciale des industries étudiées cette même année.

Le programme détaillé du Cours d'Hygiène industrielle doit forcément comprendre toutes les industries ou professions signalées jusqu'à ce jour comme susceptibles d'influer sur la santé de ceux qui s'y adonnent.

Mais le nombre limité de leçons accordé à ce Cours impose une sélection. Sont donc envisagées de préférence celles des industries ou professions qui occupent en France le plus grand nombre de travailleurs, qui sont reconnues ou réputées notoirement insalubres ; sont soumis à l'examen d'une critique hygiénique ceux des modes de travail ou de fabrication particulièrement en faveur en France.

Chaque année, le Cours débute par une leçon générale, définissant à l'aide d'exemples concrets et particulièrement démonstratifs le but, la méthode, la portée, les limites de l'Hygiène dans l'industrie et les rapports de cette branche des sciences naturelles avec les autres sciences; il se termine par un résumé synthétique des notions acquises pendant l'année et par quelques considérations sur les rapports de l'Hygiène du travail avec l'étude des questions de morbidité et d'assurance professionnelle, de protection légale des travailleurs, et les principes scientifiques dont celle-ci doit s'inspirer. Au début de chaque leçon est présenté, oralement ou sous forme de tableau, un résumé des traits essentiels de la leçon précédente et des enseignements qui s'en dégagent.

Je reste d'ailleurs à la disposition des auditeurs qui désirent voir éclaircir ou compléter certains points visés dans l'enseignement du jour. Il faut à l'élève un correctif à la froideur inhérente à l'enseignement de l'amphithéâtre ; il faut au professeur un réactif sûr, lui permettant d'apprécier, au jour le jour, l'action éducative de son enseignement.

Je m'efforce, pour réaliser ces desiderata, d'établir entre professeur et élèves ces relations de familiarité intellectuelle qu'une expérience déjà longue de l'enseignement supérieur m'a montrées également profitables à tous deux.

PROGRAMME DÉTAILLÉ

PREMIÈRE ANNÉE

Hygiène industrielle générale.

Les bases biologiques de l'Hygiène industrielle. — Les organes et les fonctions du corps humain.

Digestion. — Circulation. — Respiration. — Fonctions motrices et nerveuses; squelette, articulations, système musculaire, mécanisme, coordination et éducation des mouvements dans leur rapport avec l'Hygiène du travail. — Système nerveux : vision, audition. — Fonctions d'excrétions. — Fonctions cutanées. — Nutrition : alimentation rationnelle du travailleur; croissance et évolution de l'organisme dans leur rapport avec le travail aux différents âges. — Conditions de l'exercice normal de ces fonctions au cours du travail industriel.

Influence sur les fonctions des divers facteurs du milieu industriel. — Agents physiques : Ébranlements (travail au milieu du bruit, dans l'air comprimé). — Chaleur, radiations (travail devant les feux). — État hygrométrique (travail à l'humidité).

Agents chimiques : Viciation de l'air. — Asphyxies professionnelles.

Les grands poisons industriels et les intoxications professionnelles : Plomb. — Mercure. — Arsenic. — Phosphore. — Oxyde de carbone. — Hydrogène sulfuré. — Vapeurs acides, sulfureuses, nitreuses, de chlore, ammoniacales,... — Hydrocarbures. — Aniline et dérivés. — Tabac.

Poussières.

Les agents infectieux et parasitaires, causes de maladies professionnelles : Charbon. — Affections septiques. — Tuberculose. — Ankylostome,...

Salubrité des usines et ateliers : Ventilation. — Refroidissement. — Humidification. — Dessiccation. — Chauffage. — Éclairage. — Évacuation et préservation des poussières. — Nettoyage. — Désinfection. — Travail dans le milieu souterrain.

Influence sur les fonctions des divers modes de travail. — Mouvements et attitudes professionnels. — Modifications qu'ils impriment aux organes et fonctions. — Efforts et déformations professionnels. — Éducation rationnelle des mouvements professionnels. — Fatigue. — Surmenage physique. — Durée du travail. — Travail prématuré. — Travail des femmes.

Notions sommaires sur les maladies professionnelles. — Leur prophylaxie.

Hygiène privée de la vie ouvrière.

Retentissement de l'Industrie sur l'Hygiène du voisinage. — Causes générales de nuisance. — Moyens de les combattre. — Souillure du sol, de l'air et des eaux par les résidus industriels. — Fumées, gaz et vapeurs. — Résidus liquides et solides.

Hygiène industrielle spéciale [1].

Industries productrices d'énergie. — La production industrielle d'énergie dans ses rapports avec l'hygiène.

Générateurs de vapeur. — Moteurs. — Conditions hygiéniques de leur conduite.

Industries et installations électriques.

Industrie frigorifique.

Industries transformatrices des matières d'origine animale. — Maladies contagieuses du bétail transmissibles à l'homme par manipulation des matières animales. — Travail des boyaux, des abats, du sang ; extraction de l'albumine. — Fabriques de salaisons et conserves animales. — Industrie des graisses et suifs. — Fonderies de suifs. — Fabriques de bougies et savons. — Extraction et distillation de la glycérine.

Fabriques d'huiles animales. — Huiles de pieds.

Fabriques de colles et gélatines.

Travail des peaux et cuirs.

Tanneries. — Corroieries. — Chamoiseries. — Parcheminerics. — Maroquineries.

Travail des fourrures et pelleteries.

Travail des poils, crins, plumes, cornes.

---

(1) Ce programme n'a évidemment rien de définitif, en raison des modifications qui peuvent être nécessitées par la création de nouvelles industries, l'emploi de nouveaux procédés de fabrication.

Préparation et teinture des crins et soies.

Aplatissement des cornes et sabots. — Fabriques de baleines. — Épuration et teinture des plumes.

Industrie du poil de lapin. — Sécrétage.

Fabriques de feutres. — Chapellerie.

Travail préparatoire des laines. — Lavage. — Désuintage. — Battage. — Cordage. — Épuration.

Travail préparatoire de la soie. — Magnaneries. — Travail des cocons. — Filature de la soie. — Travail des frisons et déchets de la soie.

Calcination des matières animales.

Fabriques de noir animal, de cyanures.

Préparation des éponges.

Travail de la nacre et des perles, des camées.

Industrie et traitement des vidanges.

Fabriques d'engrais animaux (poudrette, sels ammoniacaux. — Superphosphates).

Industries transformatrices des matières végétales. — *a*) MATIÈRES VÉGÉTALES ALIMENTAIRES : Meunerie. — Boulangerie. — Pâtisserie. — Fabrication des fécules et des sucres. — Sucreries. — Raffineries. — Amidonneries. — Glucoseries.

Industries de fermentation.

Fabriques d'alcools, de vinaigre et de bière.

Distilleries. — Rectification. — Malteries. — Brasseries. — Travail dans les caves.

Huileries (v. plus loin).

Fabriques de conserves végétales, de chicorée.

Torréfaction du café, cacao.

b) MATIÈRES VÉGÉTALES NON ALIMENTAIRES : Industrie des huiles végétales. — Extraction et épuration des huiles. — Cuisson. — Fabriques d'huiles siccatives. — Traitement des tourteaux.

Travail du caoutchouc et de la gutta, à l'aide du sulfure de carbone et des essences. — Vulcanisation. — Fabriques de caoutchoucs factices.

Industrie des huiles essentielles. — Parfumerie.

Industrie des résines et vernis. — Fonte et épuration des résines.

Travail de la térébenthine, des goudrons végétaux et brais.

Fabriques de vernis gras, à l'alcool. — Emplois des vernis : sur cuirs, feutres, toiles, métaux.

Fabriques d'encres d'imprimerie, de cire à cacheter.

Fabriques d'extraits tanniques.

Nicotine. — Tabac.

Extraction des drogues végétales ; sulfate de quinine,...

Industries préparatoires de la filature. — Préparation du lin, du chanvre, du jute (rouissage, broyage, teillage, peignage), du coton (égrenage, préparation en filature. — Fabriques d'ouates).

Filature proprement dite.

Tissage. — Fabriques de cotonnades, de linge, de soieries, de draps.

Fabriques d'apprêts, des étoffes et bâches imperméables grasses, goudronnées.

Blanchiment. — Lavoir. — Buanderies. — Blanchisseries.

Industrie papetière. — Travail des chiffons. — Épaillage des laines et draps. — Préparation des pâtes de paille, de bois. — Fabriques de papiers et de cartons, de papiers peints, cartons vernissés et laqués, goudronnés, bitumés.

Industries du collodion, du celluloïd et produits nitrés analogues.

Trituration du liège.

Travail du bois. — Scieries. — Travaux de menuiserie et d'ébénisterie. — Fabriques de meubles laqués.

Injection des bois de construction.

Carbonisation et distillation du bois.

Exploitation des varechs.

Exploitation de la tourbe.

DEUXIÈME ANNÉE

Hygiène industrielle spéciale (*Suite*).

CONDITIONS ET AMÉLIORATIONS HYGIÉNIQUES DU TRAVAIL DANS LES INDUSTRIES MINIÈRES ET MÉTALLURGIQUES ET DES PIERRES ET DES TERRES.

Industries métallurgiques. — Mines. — Les conditions hygiéniques du travail dans les mines. — Les mines de charbon.

Métallurgie du Fer. — Hauts fourneaux. — Fonderies. — Aciéries. — Travail de l'acier. — Taille des limes. — Coutellerie. — Fabriques d'aiguilles, de plumes métalliques.

Métallurgie du Plomb. — Extraction. — Fonte. — Travail mécanique du plomb. — Fabriques d'accumulateurs.

Métallurgie du Cuivre. — Extraction. — Façonnage. — Travail mécanique du cuivre. — Chaudronnerie.

Métallurgie du Zinc.

Métallurgie du Mercure.

Métallurgie de l'Or et de l'Argent : Extraction. — Affinage. — Travail des métaux précieux (Orfèvrerie. — Joaillerie). — Traitement des cendres d'orfèvres. — Fabriques d'alliages : laiton, bronze.

Travail commun aux divers métaux.

Travail à chaud : Fusion. — Moulage. — Laminage. — Forgeage. — Soudure. — Brasure.

Travail à l'outil: Limage. — Polissage. — Tournage. — Forage. — Rabotage. — Émoulage.

Hygiène propre des serruriers, charrons, aiguiseurs.

Ateliers d'ajustage et de construction des machines.

Revêtement et décoration des métaux. — Zinguage. Étamage. — Argenture. — Dorure au mercure, à la feuille, au trempé. — Galvanoplastie. — Nickelage. — Émaillage. — Gravure. — Ciselage.

Tréfilerie.

Fabrication du fer-blanc et ferblanterie.

Fonderies de laiton. — Fabriques d'instruments de musique en laiton. — Horlogeries.

Industries des Pierres et des Terres. — Travaux des carrières.

Fabriques de crayons de graphite.

Travail des bitumes et asphaltes.

Ardoisières. — Extraction des schistes ardoisiers. — Fabriques de crayons et de tablettes d'ardoises. — Ardoises de couverture.

Taille et sculpture des pierres : écurage, polissage.

Granit. — Grès. — Marbre. — Meulière. — Silex.

Industrie des pierres précieuses : taille du diamant et de l'agate.

Industrie de l'écume de mer. — Fabrication des pipes.

Chaufournerie.

Fabriques de plâtre et de ciment.

TROISIÈME ANNÉE

Hygiène industrielle spéciale (*Suite*).

Conditions et améliorations hygiéniques du travail dans les industries chimiques et diverses.

Industrie des huiles minérales.

Distillation des goudrons de gaz.

Huiles de schistes et pétroles.

Distillation. — Raffinerie. — Travail des paraffines.

Extraction et raffinage du soufre. — Chlorure de soufre. — Fabriques d'hydrogène sulfuré, — d'acide sulfureux, — d'acide sulfurique, — de sulfure de carbone.

Industrie saunière.

Extraction de l'iode et du brome.

Fabriques de soude, — d'acide chlorhydrique, — de chlorure de calcium et chlore, — de chlorures alcalins.

Potasse et sels de potasse.

Ammoniaque. — Sels ammoniacaux.

Prussiates.

Acide nitrique. — Salpêtre.

Sels de fer.

Composés chromés.

Oxydes et sels de plomb.

Alun et sels d'alumine.

Sels de cuivre.

Extraction du mercure. — Composés mercuriels.

Etain et sels d'étain.

Composés arsenicaux.

Sels de zinc. — Blanc de zinc.

Fabriques de platine.

Briqueteries, — Tuileries.

Poteries. — Fabriques de porcelaines, — de faïences, — d'émaux, — de terres émaillées — Céramique.

Verreries. — Cristalleries. — Fabriques d'instruments en verre pour les sciences. — Industrie optique. — Fabriques de glaces et argenture. — Gravure sur verre.

Industrie de la Construction et du Bâtiment. — Travaux de maçonnerie.

Travaux de plâtrerie.

Peinture. — Décoration — Vernissage. — Dorure.

Travaux de couverture. — Plomberie.

Industries chimiques proprement dites. — Industrie du gaz. — Fabriques de gaz d'éclairage et de chauffage.

Gaz pauvre. — Gaz à l'eau. — Fabriques de coke.

Carbure de calcium. — Acétylène.

Fabriques de combustibles agglomérés, — de noir de fumée.

Engrais chimiques. — Scories de déphosphoration.

Phosphore.

Borax et acide borique.

Industries électro-chimiques.

Fabriques d'éthers, — d'aldéhyde, d'acides organiques : salicylique, oxalique,...

Explosifs.

Fabriques d'amorces, — de pièces d'artifices, — de munitions de guerre et de chasse.

Fabriques de matières colorantes : Nitrobenzine. — Aniline. — Dérivés.

Industries de l'Impression et de la Teinture, des Apprêts. — Dégraissage.

Fabriques de fleurs artificielles.

Arts de la photographie.

Arts graphiques et du livre. — Industrie de l'imprimerie. — Fonderies de caractères. — Stéréotypie. — Typographie. — Linotypie. — Impression.

Dessinateurs.

Graveurs.

TABLE DES MATIÈRES

PROGRAMMES DES DIVERS COURS

BULLETIN DE L'ENSEIGNEMENT TECHNIQUE. — Publié sous les auspices du Ministère du Commerce et de l'Industrie, paraissant le samedi (en général tous les 15 jours). Format 22/14cm, 8e année. Ab. annuel (du 1er janvier) : France, 6 fr. ; Étranger, 7 fr.

Le *Bulletin de l'Enseignement technique* comprend deux parties :

La première, sous la rubrique *Documents officiels*, reproduit les communications du Ministère du Commerce et de l'Industrie, c'est-à-dire les lois, décrets, règlements, circulaires, programmes d'enseignement, vacances d'emploi, nominations intéressant les établissements d'enseignement ressortissant à ce ministère (Conservatoire national des arts et métiers, école centrale des arts et manufactures, école des hautes études commerciales, écoles supérieures de commerce, institut commercial, écoles nationales d'arts et métiers, écoles nationales professionnelles, écoles manuelles d'apprentissage, écoles nationales d'horlogerie, écoles pratiques de commerce et d'industrie, écoles professionnelles de Paris), ainsi que des avis de toute nature (époque et formalités des concours, délivrance de diplômes, attribution de bourses commerciales de séjour à l'étranger, de bourses industrielles de voyage, etc.).

La seconde partie est affectée à des communications de toute nature destinées à tenir les lecteurs au courant du développement de l'enseignement industriel et commercial en France et à l'étranger.

CONGRÈS DE L'ENSEIGNEMENT TECHNIQUE commercial et industriel de 1900, tenu sous la présidence de M. L. Bouquet, conseiller d'État directeur de l'Enseignement technique au Ministère du Commerce et de l'Industrie : Comptes rendus (*Rapports, discussions. Travaux et résolutions du Congrès*), publiés sous la direction de M. E. Paris, secrétaire général du Congrès. — Un vol. 25/16cm de 712 pages. 10 fr. ; relié. . . . 12 fr.

ÉTUDES SUR LES ÉCOLES PRATIQUES DE COMMERCE ET D'INDUSTRIE EN FRANCE, par Max Soubeiran. — Un vol. 18/12cm avec planche hors texte . 3 fr. 50

PETIT TRAITÉ MATHÉMATIQUE ET PRATIQUE DES OPÉRATIONS COMMERCIALES ET FINANCIÈRES, par J. Patou, agrégé des sciences mathématiques. — 2 vol. 22/14cm, brochés. . . . . 9 fr. 50
- I. *Arithmétique commerciale* . . . . 4 fr. 50
- II. *Algèbre financière* (*Éléments d'*). . . . . . . 5 fr. »

ÉLÉMENTS DE DROIT COMMERCIAL, par A. Haumont et A. Lévarey, avocats au barreau du Havre. — Un vol. 22/14cm de 768 pages. . . . . 10 fr. »

TECHNOLOGIE (Cours de Marchandises), par Meyrat et Dardant. — 6 fascicules 19/13cm :
- I. Métaux. — Un vol. de 212 pages avec 50 fig . . . . . . 2 fr. »
- II. Produits chimiques. — Engrais. — Explosifs. — Un vol de 366 pages, avec 73 figures. . . . . 3 fr. »
- III. Matériaux de construction. — Céramique. — Verrerie. — Pierres fines. — Bois. — Combustibles. Un vol. de 360 p. avec 163 fig. 3 fr. »
- IV. Produits tirés des animaux et des végétaux. (*En préparation.*)
- V. Substances alimentaires.
- VI. Matières textiles. — Papiers. — Matières colorantes.

Bar-le-Duc — Imp. Comte-Jacquet, Facdouel, Dir.

www.ingramcontent.com/pod-product-compliance
Ingram Content Group UK Ltd.
Pitfield, Milton Keynes, MK11 3LW, UK
UKHW020130220726
13923UKWH00001B/89

9 782016 118498